Enseñar aprendiendo

Içami Tiba

Enseñar aprendiendo

Nuevos paradigmas para la educación

Título original: *Ensinar aprendendo: novos paradigmas na educação*
© 2006, Içami Tiba
De esta edición:
D. R. Santillana Ediciones Generales, S.A. de C.V., 2010.
Av. Universidad 767, Col. del Valle.
México, 03100, D.F., Teléfono (55) 54 20 75 30

Primera edición: junio de 2010
ISBN rústica: 978-607-11-0479-3
Diseño de colección: Jesús Acevedo
Traducción: Blanca Luz Pulido

Impreso en México

Agradecimientos y dedicatoria

Agradezco a todos los maestros
a quienes la humanidad entregó a sus amados hijos.

Dedico este libro a todos los maestros
que lucharon por una educación integral,
haciendo de este mundo un lugar mejor.

No hay nadie
que no haya tenido un profesor en la vida,
y tampoco hay nadie
que nunca haya tenido un alumno.

Si hay analfabetos
probablemente no es por deseo de los profesores.
Si existen personas cultas,
es porque tuvieron profesores.
Si existen los premios Nobel,
es porque los alumnos superaron a sus maestros.
Si existen grandes sabios,
es porque trascendieron sus funciones de profesores.

Cuanto más se aprende, más se quiere enseñar.
Cuanto más se enseña, más se quiere aprender.

Içami Tiba

Índice

Enseñar y aprender:
dos caras de la misma moneda

Enseñar y aprender son dos caras de la misma moneda. Sólo podemos enseñar aquello que ya aprendimos y, además, aprendemos aún más cuando enseñamos. En este libro que tiene usted en las manos, el autor trata con maestría los diferentes aspectos de esta valiosa lección.

Enseñar aprendiendo es una obra esencial para el profesor que desea comprender a sus alumnos, respetando sus diferencias, favoreciendo la creación de un ambiente escolar que realmente los prepare para el mejor desempeño en todos los niveles del comportamiento humano: biológico, psicólogo y social.

Leer este libro y absorber sus enseñanzas ayuda a comprender que el aprendizaje trasciende el salón de clases: está en todas partes. La cantidad de información disponible y la velocidad con la que circula hacen que el profesor se encuentre ante el desafío de ser cada vez más culto, aprenda a manejar esas nuevas fuentes de información, y acepte el hecho de que el alumno transita a diario por nuevos caminos y que puede perderse en éstos.

Por ello el presente libro puede ser interesante no sólo para los maestros, también puede resultar estimulante y esclarecedor para padres y educadores preocupados por entender la relación entre las transformaciones que viven los jóvenes y su comportamiento ante la necesidad de aprender a aprender.

Ese aprendizaje sólo puede ser completo cuando se da especial atención a la formación integral de los jóvenes, aquella que transmite los valores de ciudadanía, responsabilidad y solidaridad, en los que Içami Tiba hace hincapié.

De manera clara y amena, el autor invita a profesores y maestros a dar un paseo por los intersticios de la práctica docente, mostrando con ligereza y sentido del humor la seriedad del arte de educar bien.

Los invito a formar parte de este maravilloso viaje.

Milú Villela
Directora Presidente del Instituto Faça Parte

Prefacio

Enseñar aprendiendo es un gran libro de Içami Tiba. Una vez más el autor nos brinda una seria reflexión sobre la educación. Seria, pero no aburrida; por el contrario, accesible a todos y no exenta de sentido del humor.

Está dirigido a los educadores en general, desde el principio hace hincapié en los problemas que surgen en el salón de clases: ¿es posible enseñar cuando los alumnos no tienen interés en aprender? El problema es analizado desde tres puntos de vista básicos: el alumno, el maestro y la calidad de las clases.

En estas páginas, se compara a las clases con las comidas: para que no causen indigestión en el alumno, el educador debe comprender las razones por las cuales el alumno rechaza su alimento-clase.

El autor denomina como "inapetencia del saber" a ese desinterés por parte del alumno, que se manifiesta en su indisciplina o en su indiferencia. Para resolver este problema es necesario comprender que el alumno no está preparado para aprender, ya sea por falta de madurez para asimilar la información (o la manera en que ésta es transmitida) o por falta de claridad respecto a los límites, lo cual se relaciona con la familia que ha delegado en la escuela el papel de establecer límites claros.

De acuerdo con la teoría de la integración relacional, el alumno llega a la escuela sin preparación para las prácticas de aprendizaje que le exigen estar listo para las clases. Muchas veces el joven, por una educación familiar insuficiente, mantiene una relación primaria de placer y desplacer con el mundo, a partir de la cual es rechazado todo lo que requiere de algún esfuerzo. Así, las clases se consideran como algo adverso, un territorio de guerra en donde el maestro trata de vencer la resistencia del alumno. Y a veces no logra su objetivo…

Ser conscientes del problema y quejarse de él son actitudes que nada resuelven. Si la escuela no logra cumplir con su papel de enseñar, necesita asumir, junto con los padres y los alumnos, la tarea de la formación. El gran desafío es cómo integrar al alumno; para ello, es necesario más que el solo conocimiento: se requiere llevar a cabo una labor que favorezca el compromiso, tanto de parte del alumno como de su familia. En pocas palabras, se trata de una tarea que necesariamente presupone una ética.

Por lo tanto, no es posible culpar nada más al alumno por el fracaso de las prácticas educativas. Con valentía, Içami Tiba responsabiliza también a los profesores y a sus dinámicas en clase, ya que son incompatibles con la nueva realidad de los jóvenes y de la sociedad globalizada.

Aunque sea médico y con formación psicoterapéutica, Içami Tiba es educador por vocación. Desde hace muchos años ha llevado a cabo en diversas escuelas la difícil práctica de enseñar a aprender, gracias a la cual ha obtenido el respeto y el conocimiento que le permite decir que el profesor debe cambiar su actitud ante los problemas, tanto tradicionales como nuevos.

Para tener éxito, el profesor debe convertirse en un maestro, es decir, además de transmitir el conocimiento, tiene que estar dispuesto a recibirlo. Debe aceptar las necesidades reales y los límites de cada alumno, aprender con él, vivir en medio de un reciclaje constante para que sus clases se vuelvan dinámicas: debe despertar en el alumno el apetito del saber.

El saber consiste en enseñar y aprender. Y nadie puede estimular el saber si no lo practica.

En estos tiempos de globalización, el saber no sólo es la acumulación de informaciones, sino un conjunto de capacidades adquiridas y desarrolladas en la escuela, que vuelven al joven apto para enfrentar los desafíos de la vida profesional; por eso, el profesor y la escuela tienen que cumplir un papel social fundamental: educar para el futuro. El proyecto de crear ciudadanos debe ser algo que se comparta entre la escuela, la familia y la sociedad como un todo.

Por medio de este gran libro, Içami Tiba cumple con su parte: plantear problemas, analizar implicaciones, sugerir cambios.

Ahora nos toca a nosotros, como educadores, poner manos a la obra y llevar a cabo la gigantesca labor que es nuestra responsabilidad.

Mauro de Salles Aguiar
Director-presidente, Colegio Bandeirantes

Nota a la presente edición

Estamos en plena era del conocimiento, pero muchas escuelas todavía están en la era de la información. Aunque el profesor, en la sala de clases, transmita sus conocimientos a los alumnos, éstos son recibidos nada más como información.

La información es un dato que puede obtenerse en cualquier sitio. Un simple diccionario, por ejemplo, es una fuente de información. En cambio, el conocimiento es información en acción, es decir, todo lo que está detrás de una acción consciente forma parte de nuestro cuerpo de conocimientos. En general, el conocimiento implica información, pero no toda la información se convierte en conocimiento.

Actualmente el profesor debe complementar su clase ayudando a sus alumnos para que aprendan a transformar la información en conocimiento.

De esta manera, el nuevo paradigma de la educación escolar debe crear profesores que ayuden en la construcción del país, nuestro querido Brasil, al capacitar al alumno para ser un profesionista competente y un ciudadano consciente de su importancia en la composición de la sociedad.

Tal vez el lector no encuentre ninguna novedad en lo que digo. Incluso comprendo que, a pesar de que muchos profesores posean esta información, son pocos los que la emplean en la práctica.

El profesor —que forma parte de una clase específica de trabajadores— lleva una vida muy sacrificada, con exceso de trabajo y baja remuneración. A menudo se oyen quejas sobre las precarias condiciones de su trabajo: exceso de alumnos en clase, alumnos indisciplinados y poco interesados en aprender, programa pedagógico demasiado extenso, insuficiente formación académica de los maestros, falta de recursos materiales, así como la frase "la culpa es del gobierno", etcétera.

Por mi experiencia en el trabajo con los maestros, estoy de acuerdo con esas quejas, y sé que hay muchas más que podrían agregarse a la lista. Sin embargo, nosotros como educadores podríamos hacer mucho más de lo que hacemos, ya que la importancia y la dignidad de nuestra función no tienen precio.

¿Cuánto le cuesta a un país un mal gobernante? ¿Cuántos daños ocasionan al planeta los empresarios sin escrúpulos? ¿Qué daño le causa a la sociedad un mal ciudadano? ¿Cuánto le pesa a un país un analfabeto o un analfabeto funcional? ¿Cuánto sufre una familia que no encuentra medios para sobrevivir? ¿Cuál es la calidad de vida de una persona que no tiene estudios? Todas esas preguntas nos llevan a la misma conclusión: los educadores tienen mucho trabajo por delante, pues la importancia de la educación en la vida de una persona es algo invaluable.

El educador con valor cívico tiene frente a sí la tarea de reconstruir Brasil; cada clase puede ser un ladrillo para la constitución de la sociedad y la educación es la sangre que transporta el conocimiento para alimentar, formar y organizar la ciudadanía progresiva y ética existente en cada alumno, tan importante y necesaria para la civilización.

Içami Tiba

Nota a la primera edición

Una gran cantidad de las solicitudes que recibo para impartir conferencias tienen que ver con el tema de la relación profesor-alumno. Por mi contacto con los profesores, he percibido que existe una gran carencia de nociones básicas sobre psicología y adolescencia.

Para atender esa demanda de los profesores y educadores en general, traté de poner la psicología al alcance de todos por medio de un lenguaje accesible y fácil de comprender, que sin embargo no perdiera su sentido ni su profundidad.

Adquirí esa habilidad al tratar con adolescentes y sus familiares, al hacer que me comprendieran, independientemente de sus edades o sus profesiones. Así, cuando mis pacientes me comprendían, también lo hacía el resto de la población no familiarizada con la psicología tradicional.

Pero no me sentía satisfecho con brindar tan sólo esa facilidad de comunicación. Pensaba que podía hacer más, y así lo hice. Elaboré la teoría de la integración relacional; una teorización del desarrollo de las relaciones integrales entre las personas, basada en el amor, la disciplina, la religiosidad, la gratitud, la ética y la ciudadanía.

La relación entre el profesor y el alumno también forma parte de esa teoría. Y los mayores problemas que enfrenta se presentan con la adolescencia.

Con un lenguaje coloquial y sin tecnicismos, mi teoría ofrece apoyos fundamentales para el entendimiento psicológico de las dificultades relacionales, así como sugerencias prácticas para ayudar al profesor a mejorar la calidad de la enseñanza dentro del salón de clase, y mejorar así la educación.

El presente libro contiene parte de esa teoría, necesaria para la comprensión del texto. Para las personas interesadas, esa teoría será publicada próximamente en otra obra dedicada a ese tema en especial.

En este libro abordo los principales elementos de la relación profesor-alumno. Al principio realizo una correlación entre aprender y comer, donde el profesor es el propio cocinero de su materia. También hablo sobre la receta en la que el aprendiz que parte de la ingenuidad pueda llegar a la sabiduría.

Las desventajas del sistema actual de enseñanza, así como de los tipos de clases y de evaluación se estudian en los capítulos 7, 8 y 9, que abordan temas como la indisciplina en el salón de clases, el aprendizaje de memoria y las "violaciones mentales".

Como el buen humor forma parte de la vida, en el capítulo final identificamos los 21 tipos más comunes de alumnos que dan más trabajo a los 11 tipos de profesores más frecuentes.

Termino el libro con lo más importante, el capítulo sobre la educación a seis manos, un eficiente método en el cual la escuela cuenta con la colaboración de los padres del alumno.

Tengo la certeza de que este libro ayudará al lector a comprender más la adolescencia, su funcionamiento y a encontrar las mejores maneras de tratar a los adolescentes. Todo ello debe usarse para que las clases dejen de ser nada más un torrente de información que se derrama sobre los alumnos, y se convierta en algo que los enriquezca con conocimientos que los dirigirán a ser profesionistas competentes, ciudadanos éticos y personas felices y realizadas.

Capítulo 1

Un nuevo camino para la educación

Los alumnos no respetan

a los educadores y no están aprendiendo lo que necesitan.

Los educadores tienen baja autoestima

y no pueden dar lo mejor de sí mismos.

Las escuelas necesitan actualizar sus métodos de enseñanza y

fortalecer la educación continua de sus profesores.

La educación, que se encuentra todavía en la era de la

información, necesita avanzar a la era del conocimiento.

No podemos aceptar pasivamente

las situaciones que retrasan nuestro avance.

Necesitamos encontrar nuevos caminos.

Una insatisfacción generalizada ante la educación actual

Profesor, ¿se encuentra usted satisfecho con la situación actual de la educación?

Si la respuesta es afirmativa, por favor, divulgue su método de trabajo. Si no lo es, admita sin escrúpulos sus insatisfacciones. Una mayoría abrumadora de profesores está muy desanimada, lucha contra muchas dificultades para seguir al frente de su trabajo. La educación entró en crisis.

A lo largo de muchos siglos, la enseñanza se basó en un modelo: el profesor que enseña a los alumnos en el salón de clases. De acuerdo con ese criterio, el profesor detenta los conocimientos y los transmite a un grupo de estudiantes, quienes los reciben como informaciones, para después mostrar lo que aprendieron por medio de exámenes.

Sin embargo, ¿acaso el hecho de que los alumnos muestren en los exámenes lo que aprendieron, como los profesores quieren, significa que lo hicieron?

Y de nuevo, una mayoría abrumadora de alumnos estudia lo que recibió exactamente tal cual, más para agradar o satisfacer al profesor que para mostrar lo que aprendió. No obstante, después de los exámenes, los alumnos casi no se acuerdan de lo que tanto estudiaron.

El mayor agravante en este tipo de evaluación es que las preguntas sólo sirven para aprobar el examen y poco se aplican a la vida práctica de los adolescentes.

Lo que funciona en la prueba escolar

no se relaciona con la vida del alumno,

sino con lo que el profesor exige.

En los salones de clases no se toman en cuenta las diferencias existentes entre niños, adolescentes y adultos. Todos son estudiantes y son tratados como tales, sin importar las diferencias entre ellos de acuerdo con sus características y etapas de desarrollo. Y todos los estudiantes deben mostrar el mismo desempeño, sentados en los mismos pupitres…

En los últimos años, la educación ya no es una prioridad en los programas políticos; por eso, el sistema escolar entró en crisis, dejó de alcanzar sus metas, cualesquiera que fuesen. Y los más perjudicados, por supuesto, fueron los profesores y los alumnos. Si los estudiantes son el futuro de un país, ¿qué tan preparados estarán para recibir el país que les dejemos?*

Las consecuencias inmediatas de esa situación son el poco interés de los alumnos por aprender y la menor capacitación del profesor para enseñar. Repeticiones de año, cambios y abandonos escolares se presentan con tal frecuencia que salen del control de los responsables.

A las deficiencias del método se suma otro problema grave: la falta de respeto por parte de los alumnos. La re-

---

* El autor se refiere a su país de origen, pero la misma reflexión podría aplicarse a otros países de América latina, incluyendo, por supuesto, a México.

lación entre profesores y alumnos se encuentra tan deteriorada que no es raro que exista un "odio mortal entre ellos". Los alumnos, muchas veces, tratan a los profesores como si fueran sus empleados, lo que complica profundamente la relación.

Lo interesante es que el sistema educativo entra en crisis en una época en que los niños empiezan a ir a la escuela cada vez más chicos. A los dos años cuando apenas inician el proceso de socialización familiar, participan de la socialización comunitaria de la escuela.

Muchos de los profesores de esos alumnos de hoy acudieron a la escuela un poco más grandes de edad, pues sus madres estaban en casa. Por lo tanto, disfrutaron de mayor convivencia familiar, mientras la escuela les aportaba una educación complementaria.

Actualmente no sucede así. La madre trabaja fuera de casa, está ausente del hogar durante muchas horas, y con un mercado de trabajo cada vez más competitivo, el padre tiene menos tiempo para dedicarse a la educación de los hijos. Como los niños no tienen con quién quedarse en casa, porque el núcleo familiar también se diluyó, empiezan a ir a la escuela en la época de su educación familiar.

Así, los niños van a la escuela para ser educados, y algunos, incluso, para ser criados ahí. No tienen la madurez suficiente para recibir una instrucción formal, lo que antes era responsabilidad de la escuela. ¿Estarán capacitados los profesores para, además de sus otras tareas, criar a los niños?

Con la baja remuneración percibida por el cuerpo docente de la enseñanza pública y de la mayor parte de los miles de colegios particulares del país, la mayoría de los docentes no tienen condiciones financieras, y mucho menos estímulos, para invertir en ese esfuerzo formador. No es casualidad que la dificultad de lidiar con los alumnos haya aumentado.

> La mayoría de los profesores activos actualmente no muestra en su currículo profesional la capacitación necesaria para ejercer el papel de formador de la personalidad del alumno.

LA INDISCIPLINA

La indisciplina es el resultado natural del alumno ignorado por el profesor y que no se interesa en la materia.

Hoy en día, se afirma que el alumno es el responsable de su escaso aprendizaje. Muchos profesores siguen aplicando el sistema antiguo, basado en la afirmación: "Yo, el profesor, enseño; ustedes, los alumnos, escuchan y aprenden". Eso, cómodamente, significaba que el profesor cumplía su parte. Era responsabilidad del alumno aprender o no.

Actualmente, el profesor no es la única fuente de aprendizaje. Su nueva tarea es orientar al estudiante en la búsqueda y el procesamiento de la información deseada para alcanzar sus objetivos. Así, el profesor ya no es la "única verdad" que el alumno debe escuchar. Y el alumno, por su parte, ya no es solamente un repetidor de lo que el profesor dice. Esto significa que el profesor dejó de ser el único y exclusivo responsable de la información, porque ahora los alumnos están conectados a la televisión, a los canales por cable, al internet y a la comunicación multimedia. Quedan pocos jóvenes no globalizados, y no porque no quieran sino por la falta de oportunidades para hacerlo.

La globalización de los alumnos y la libertad de usos del internet se contraponen con la postura de los profesores como depositarios del poder, autoritarios en clase, que se niegan a aceptar que el mundo cambió. Estos profesores tienden a ignorar a sus alumnos, lo que, en la mayoría de los casos, genera indisciplina.

Hay, por ejemplo, algunos profesores que, temiendo perder autoridad ante los alumnos, no admiten que no saben utilizar las computadoras; incluso les da miedo apretar cualquier tecla por temor a borrar toda la información.

ENSEÑAR APRENDIENDO

¿Acaso no sería una excelente oportunidad para esos profesores si pudieran aprender de sus propios alumnos a usar el "maldito" teclado, y así disfrutar de su "sacrosanto" monitor? De esa manera, podrían enseñar a sus alumnos que, por más que se sepa acerca de un tema, siempre hay algo que aprender sobre otro. Y mostrarían que no ignoran la importancia de lo que sus alumnos pueden enseñarles.

El profesor transmitiría (enseñando) al alumno el placer de aprender –al estar aprendiendo– y el placer de enseñar –al estar el alumno enseñando.

Sin embargo, el profesor debe tener cuidado de no exagerar y "ponerse sentimental", es decir, cursi. Este efecto acaba con la voluntad de enseñar. Vale la pena, en cualquier otro momento, y de manera más personal, que el profesor le diga al alumno cómo usó lo que aprendió en determinada situación. No deberá ser una mentira dicha solamente para congraciarse con el alumno, sino algo real. El alumno podrá ver de qué manera ayudó a su profesor, cómo éste transformó lo que aprendió en conocimiento y verificó (y a su vez le mostró) cómo el conocimiento le fue útil. Para ese alumno, el profesor nunca será el mismo. Y lo mismo puede decirse del profesor.

> Cuando el alumno le enseña al profesor y esto transforma su vida, el alumno se abre también a las enseñanzas de ese profesor. La indisciplina que surge en el alumno cuando se siente ignorado, desaparece y su interés por los contenidos generados en clase se despierta.

Es muy importante que ambos hayan experimentado la agradable vivencia del aprendizaje. Si poseer conocimientos representa tener poder sobre quien no los posee, entonces el poder de quien enseña, con este tipo de aprendizaje, en lugar de disminuir, aumenta. El que enseña puede ahora aprender más novedades, mientras que el que aprende se beneficia de la nueva adquisición.

Mediante ese aprendizaje, el profesor gana una autoridad proveniente del alumno lo cual refuerza el poder inherente al educador. Uno de los principales factores que crean la indisciplina es un profesor que impone su poder a los alumnos, quienes no reconocen su autoridad.

> El poder y el placer son los grandes beneficios de enseñar aprendiendo.

UN NUEVO PARADIGMA: DE PROFESOR A ORIENTADOR

Cualquier cambio, aunque sea progresivo, en una estructura escolar grande, exige una buena planeación estratégica, que abarca objetivos, metas y plazos, no sólo desde el punto de vista pedagógico y financiero sino también aspectos ideológicos y psicológicos. Cualquier alteración en las circunstancias que funcionan bien tiene que tomarse en cuenta, es decir, riesgos que deben ser previstos. Por otra parte, costumbres antiguas, arraigadas entre profesores y empleados, pueden sabotear cualquier novedad, principalmente si existe alguien que resulte beneficiado con la estructura vigente.

Los profesores retrógrados, que tienen mucho tiempo de dar clases y que están contando los años que les faltan para retirarse, son los primeros que se resisten a los cambios. No sólo no están de acuerdo con la modernización, sino que la critican de manera destructiva.

Muchos padres ya acostumbrados a la estructura escolar, aunque ésta tenga muchos defectos, no están dispuestos a aceptar las propuestas de cambio en la escuela si ésta les pide que realicen algún tipo de esfuerzo, aunque sea para bien de sus hijos.

Hay alumnos que practican la llamada "resistencia pasiva", "aflojan el cuerpo" para sacar provecho del desorden escolar y para no estudiar o no tener que molestarse en ser éticos ni practicar la ciudadanía escolar, aunque ellos mismos se pudieran beneficiar muy pronto con esos cambios.

En mayor medida que las escuelas públicas, las escuelas privadas de avanzada invierten grandes recursos en este nuevo modelo, que consiste en capacitar al profesor para ejercer el papel de orientador. Así, el profesor empieza a ayudar al alumno a buscar, comprender e integrar la información como conocimiento.

El nuevo paradigma de la educación es capacitar

al profesor para que, además de transmitir

el contenido pedagógico, sea también un orientador.

De esta manera, el profesor favorece la adquisición del conocimiento, pues durante la clase practica el hábito de poner la información en acción. Algunas escuelas privadas brasileñas, por suerte, ya realizan importantes inversiones en la capacitación de los profesores y en el mejoramiento de las condiciones físicas y psicológicas para el aprendizaje de sus alumnos, al promover la integración de los padres en las actividades de sus hijos.

El gran cambio de profesor tradicional a profesor-orientador conlleva una complicación inicial, de la cual, sin embargo, se puede extraer un gran beneficio. El profesor necesita revisar su propia posición, la de ser la única fuente de donde surge el aprendizaje del alumno, y empezar también a investigar: ¿en dónde puede encontrar información sobre su materia?, ¿en periódicos?, ¿en revistas?, ¿en libros didácticos? ¿en sitios de internet?

Puesto que la tarea es muy grande y una sola persona a menudo no puede con ella, el profesor empieza a realizar un cambio en su actitud: compartir con sus alumnos esa gran responsabilidad.

El profesor-orientador debe pedir a los alumnos que cada uno de ellos investigue, en cualquier fuente, algo sobre la siguiente clase. Quien lo haga tendrá el privilegio de transmitir el resultado de su investigación a sus compañeros. Y además obtendrá "un punto" adicional por haber hecho la tarea. El profesor debe explicar que aprender a investigar forma parte de la clase, seleccionar lo que es útil y comunicar adecuadamente a los demás lo que consiguió. De esta manera, una persona se prepara para un empleo y para la vida misma.

Actualmente, quien sabe hacer todo eso gana mucho más que el que sólo cumple órdenes. Y los exámenes de admisión, como sabemos, exigen cada vez con más frecuencia que el aspirante sepa pensar, más que tener simplemente la información archivada en su interior.

Dado el carácter de este tipo de clases, que requiere una mayor autonomía de los alumnos, este método se recomienda sobre todo cuando los alumnos demuestran ser independientes; por lo tanto, se aplica muy bien a los adolescentes en general.

En una conferencia sobre disciplina y enseñar aprendiendo para padres de alumnos y profesores del Colegio Energía, me enteré de que los alumnos del último año de la enseñanza media estaban suscritos a una revista nacional de gran circulación y de reconocida seriedad, que usaban a diario como fuente de estudio e investigación de las diversas materias impartidas. No era casual que el mayor índice de aprobación en todos los exámenes de selección para entrar a diversas universidades perteneciera a esa escuela. La gran ventaja que este tipo de participación ofrecía a todos los alumnos y a los profesores es que éstas solamente los guiaban en sus tareas, ya que eran los mismos alumnos los que se encargaban de realizar su propia formación.

Las escuelas que se quedan rezagadas pierden alumnos, porque éstos terminan por salirse o son expulsados por problemas de disciplina. Lo más grave de esas migraciones y abandonos escolares es que los educadores pierden la oportunidad de formar a otro ciudadano y en lugar de eso lanzan a la vida a alguien que aumentará el ejército de los marginados.

La teoría de la integración relacional

Mi deseo es contribuir al cambio de paradigmas en el campo de la educación, con apoyos para los educadores por medio de la teoría de la integración relacional, que elaboré con base en mis 37 años de experiencia, mis 75 mil consultas de psicoterapia dinámica con adolescentes y sus familias, reforzada por el trabajo en el área educativa con profesores, niños y jóvenes.

Las clásicas teorías psicológicas no han sido suficientes para la comprensión del comportamiento actual de los alumnos ni del comportamiento preventivo adecuado y terapéutico ante los conflictos que se producen en el salón de clases. Es necesario introducir elementos nuevos como amor, disciplina, gratitud, religiosidad, ética y ciudadanía, para hacer una evaluación de la salud relacional. Una persona integrada relacionalmente tiene un equilibrio dinámico entre las satisfacciones físicas, psíquicas, ecosistémicas y éticas, en el contexto familiar, profesional y social.

> La integración relacional es un concepto de salud biopsicosocial que nos ayuda a comprender con más amplitud al ser humano en sus relaciones, en su búsqueda de una mejor calidad de vida y en el desarrollo al máximo de sus capacidades.

Cuando se discute, por ejemplo, a quién corresponde la tarea de educar, si a la escuela o a la familia, de inmediato nos encontramos en un juego de estira y afloja: ¿quién es el responsable de que haya niños mal educados? La familia afirma que la educación debe ser impartida por la escuela, mientras la escuela dice que la educación empieza desde la cuna.

Y mientras tanto, la educación se convierte en la tierra de nadie… Es necesario, ciertamente, definir de cuál educación estamos hablando. En este punto me refiero específicamente a la educación relacional. Para ayudar a su comprensión, empleo algunos elementos de la teoría de la integración relacional. De acuerdo con esa teoría, el comportamiento humano tiene tres niveles:

- *Nivel biológico o instintivo* es característico de los mamíferos que se rigen por instintos (de sobrevivencia, de placer-dolor, de afecto, de agresividad, etcétera).

- *Nivel psicológico o aprendido* es producto de la inteligencia humana; siempre esta buscando la satisfacción personal, la ambición, el consumo excesivo, sin preocupación por los medios empleados para alcanzar los resultados que se desean. Este nivel es la base para llegar al siguiente.

- *Nivel social o desarrollado* se caracteriza por la capacidad relacional, ya que el ser humano es gregario y vive en sociedad. En este nivel se encuentran el amor, la disciplina, la gratitud, la religiosidad, la ética relacional y la ciudadanía, así como la educación relacional.

Escalar montañas para meditar es fácil.

Lo difícil es regresar y convivir con los seres humanos.

La salud psíquica tiene que integrar

la capacidad relacional, la ética y la ciudadanía.

Actualmente, la educación familiar carece de ese tercer nivel, ya que es bastante difícil llegar al segundo. Muchas familias no tienen definidos con claridad los valores de lo que está bien y lo que está mal, y no logran fijar límites y responsabilidades, y así, permiten que los hijos actúen guiados por su propio placer, haciendo a un lado cualquier cosa que implique realizar algún esfuerzo, pues éste se considera algo desagradable.

Los hijos practican los niveles de comportamiento 1 y 2, mientras sus padres esperan que lleven a cabo el tercero. En casa se empieza a practicar la ciudadanía familiar, que tiene que aplicarse fuera de ésta. ¿Pero cómo pueden los hijos aprender solos a hacer algo que nunca hicieron en su casa?

El niño elige algo. Si le agrada, sigue adelante. Si surge algún problema, lo deja. Se trata de una generación que tiene mucha iniciativa y poca "terminativa", que asiste a la escuela sin tener una verdadera motivación de estudio, y que difícilmente se adaptará al sistema psicopedagógico clásico.

Elaboré la teoría de la integración relacional para que la psicología saliera de las academias y llegara a los educadores, y así poder compartir con ustedes, los profesores, mi experiencia, para que encuentren su propio camino para mejorar la relación con sus alumnos y, en consecuencia, su vida escolar; para alcanzar el objetivo primordial de la educación: preparar a las nuevas generaciones para administar el país que les dejamos. Nuestro país está inserto en un mercado mundial altamente competitivo y por ello está obligado a cambiar sus paradigmas con agilidad, asertividad y eficacia.

> Los conceptos de salud psíquica humana están actualizados en la teoría de la integración relacional, que incluye amor, disciplina, gratitud, religiosidad, ética relacional y ciudadanía, como los ingredientes básicos para la formación de la personalidad.

UNA IDEA SOBRE LA TEORÍA DE LA INTEGRACIÓN RELACIONAL

El ser humano nace con grandes capacidades, pero pocas alcanzan a desarrollarse adecuadamente. Ahora que los niños van a la escuela con menos de dos años de edad o empiezan a aprender una segunda lengua, o usan computadoras, es notable cómo antes se desaprovechaban sus capacidades.

Por otro lado, si observamos las dificultades que los padres tienen para ser respetados por los niños (incluso por los de menos de un año), nos damos cuenta de cómo éstos han aprendido a tener ventajas de las dificultades de sus padres para lidiar con ellos.

Esto ha ocasionado un gran problema para los padres, que están sometidos a la tiranía de los hijos: a los pocos meses, sentados en sus piernas, tiran las cucharitas o la comida al piso, se niegan a dormir a sus horas, o ponen a sus padres a correr de un lado a otro para atender a sus pequeños gritos (ya histéricos), etcétera.

Mi intención al elaborar esta teoría fue incluir en la formación de la futura personalidad del niño los valores

43

esenciales de la vida, tanto personal como social, para que cuando crezca sea un ciudadano cabal, ético y feliz. Cuando sea necesario en este libro emplearé esa teoría. Si alguien se interesa en ella, la explico con mayor detalle en mis obras *Quien ama educa* y *Adolescentes: Quien ama educa*.

El colibrí y el incendio en el bosque

La mayoría de los educadores conoce esta parábola. Para quien no la conozca, la resumiré a continuación.

Había una vez un incendio en un bosque.

Todos los animales huían, menos un colibrí que todo el tiempo arrojaba con su pico agua al fuego que iba en aumento.

—¡Huye, colibrí, huye! ¡Lo que haces no sirve de nada! —le decían los animales.

—¡Estoy tratando de ayudar! —respondía el colibrí, orgulloso de sus acciones y a la espera de que todos ayudaran también…

Hoy, tendríamos que actualizar esta parábola:

Un colibrí, apenas vio el incendio, llamó ágilmente a todos los demás colibríes para que formaran un grupo y unidos apagaran el fuego. Rápidamente algunos fueron designados para ir con otras especies del reino animal

44

para que cada una formara su propio grupo. De inmediato, todos los animales, cada uno con su grupo, combatieron el incendio y pronto lo apagaron.

La moraleja de la historia es que no sirve de nada trabajar individualmente cuando, ante un problema, todo el mundo quiere salvar su vida, y cumplir sólo con su parte. Es necesario trabajar en equipo y poner en acción su red de relaciones sociales —*networking*— para que haga ésta lo mismo.

Parafraseando el proverbio: "Una golondrina no hace verano", podemos decir: "Un colibrí no apaga incendios"; es decir, que donde hay un vencedor hay un equipo que lo apoya. Por el bien del bosque, hay que apagar el incendio. Si cada uno lucha para apagar el incendio, está garantizando su sobrevivencia. Pero si cada uno lucha nada más para salvarse, el bosque será destruido. ¿Cómo sobrevivirá entonces?

Capítulo 2

Aprender es como comer

Una buena clase es como una deliciosa comida:

desde el aperitivo y la entrada hasta el

plato principal y el postre.

Además de nutritiva, tiene que ser sabrosa,

tiene que tener un olor atrayente y

un aspecto incitante.

Después de empezar, no queremos detenernos,

y se nos hace agua la boca tan sólo de

acordarnos de ella...

Etapas del aprendizaje

Podemos hacer una analogía entre el acto de aprender y el de comer: existe una fisiología del aprendizaje. El proceso de digestión de los alimentos es parecido en todos los seres humanos, ya que se trata de una función fisiológica. El aprendizaje, en cambio, puede ser muy personal, porque depende del sistema psicológico y porque es una función complementaria.

Forman parte de ese "aparato psicológico" la motivación o la indiferencia para aprender, la facilidad o la dificultad de comprender la información, la capacidad de transformación de la información en conocimiento y el nivel de cultura e información previo.

La comida proporciona energía al cuerpo;

el aprendizaje da sabiduría al alma.

El aprendizaje implica, por lo menos, a dos personas que se complementan: la que enseña y la que aprende, aun cuando el autodidacta se tiene a sí mismo como profesor, si una de las dos partes complementarias falla, el resultado peligra. Para seguir con esta analogía entre la alimentación y el aprendizaje podemos señalar cinco etapas de este proceso:

- *Primera etapa*: Ingerir el alimento equivale a recibir la información.

- *Segunda etapa*: Masticar y digerir el alimento equivalen a subdividir esa información en partes menores, para que sean comprendidas.

- *Tercera etapa*: Absorber el alimento digerido equivale a asimilar la información ya comprendida.

- *Cuarta etapa*: La transformación del alimento digerido y absorbido como energía acumulada equivale a la transformación de la información adquirida en conocimiento.

- *Quinta etapa*: La energía acumulada es empleada para el sustento de la vida, como energía vital. Así el uso del conocimiento se transforma en sabiduría.

"MASTICAR" LA CLASE

Durante la fase de ingestión del alimento y recepción de la información, quien proporciona comida o información tiene un papel importante. Para llegar a esa etapa, es necesario sentir hambre, apetito, ganas de comer. El aroma, el color, la presentación y el aderezo pueden hacer que el alimento incite a su consumo, haga sentir deseos de probarlo.

El profesor, igual que un buen cocinero, puede preparar su clase con aperitivos y entradas, antes de servir el plato principal, y terminar con el postre. Incluso si no tuviera entradas ni aperitivos, si la clase fuera suficientemente agradable, todos sentirían deseos de absorberla. Por lo tanto, su "palatabilidad" es muy importante.

Por consiguiente, lo que dispara el proceso de alimentación puede ser tanto un estímulo interno (el hambre) como externo (algo que nos despierte el deseo de comer). Y lo mismo puede aplicarse a la información. La motivación puede ser interna, como cuando estamos interesados en aprender algo; o externa, cuando alguien nos despierta el interés o el deseo de aprender.

Los avances de una película o las escenas del próximo capítulo de una telenovela son formas de publicidad para que vayamos al cine o veamos la televisión. De la misma manera, los profesores podrían estimular en los alumnos el deseo de asistir a las próximas clases, al anticipar aspectos interesantes sobre ellas: es "el aperitivo". Los "entremeses" forman parte de la clase propiamente dicha y son una especie de calentamiento o preparación del cerebro para recibir lo que el profesor quiere enseñar. Un buen consejo es que el profesor inicie la clase diciendo lo siguiente: "Si alguien nos habla un poco sobre la última clase, se gana un punto." Después de cinco intervenciones y cinco puntos ganados, la mayoría de los alumnos tiene el cerebro preparado para recibir la clase.

Quien come una comida sabrosa quiere repetir el plato. Las informaciones que atraen producen un resultado semejante: todos quieren tener más información, más detalles sobre un acontecimiento interesante.

Cuando el profesor empieza una clase contando una noticia —un dato, un hecho curioso, una anécdota, una casualidad, etcétera— relacionada con el contenido de la clase y pide a los alumnos un comentario o una explicación, estimula la capacidad de comprensión, interpretación y comunicación de los que saben, y la curiosidad de los que no.

El profesor-orientador encamina las interpretaciones recibidas hacia el tema de la clase y pide a los alumnos que saben que expliquen a los que no saben. Además de estrechar las relaciones entre los alumnos, la clase del profesor-orientador gana un buen *"rating"*, porque éste se convierte en un organizador de informaciones que complementa con los temas que él mismo posteriormente desarrolla. Y lo que hace atractiva una información son los condimentos del humor y la claridad, además de la confiabilidad y utilidad.

Los mejores aderezos de una buena clase son: la movilidad, el sentido del humor y la buena comunicación. Las clases tienen que ser "degustadas" por los alumnos.

Si nos guiamos nada más por el primer nivel de comportamiento humano, el biológico o instintivo, de acuerdo con la teoría de la integración relacional, sólo comeremos lo que nos parezca agradable, sin importar si nos hace bien o mal. Pasaremos el día devorando carne, quesos grasosos, chocolates, helados, pasteles de fresas y demás bocadillos. Los resultados aparecerán después en la báscula en forma de kilos de más o en los análisis del corazón con las arterias obstruidas. (Lo mismo podría sucederle a cualquiera con el acceso a internet, si lo usara sin control.)

El educador tiene que proporcionar a los órganos de conocimiento de los alumnos: buenos alimentos, nutritivos y progresivos. Para determinar si un alimento es bueno o malo para la salud es necesario conocer sus componentes: algunos son magníficas fuentes de vitaminas y minerales, mientras que otros son ricos en colesterol. Pocas personas comen sólo porque los alimentos son nutritivos. Pero si lo que es nutritivo fuera también sabroso, podría asociarse el placer con la salud.

La presentación de la información es semejante a la del plato. Si uno se topa con un cocinero descuidado, con las uñas sucias, es probable que no sienta apetito, sino al contrario: que el platillo le cause aversión. Sin embargo, si el alimento es preparado en una cocina limpia, por un cocinero aseado, el deseo de comer surgirá de manera espontánea.

De la misma manera, la presentación de un profesor puede interferir en el deseo del alumno de recibir información. Y no me refiero a que deba usar ropas caras y elegantes, sino a las más elementales normas de higiene y de conducta: tener un aspecto limpio, moderno, agradable, y poseer una forma de expresarse que no resulte extraña a los alumnos. El profesor, en realidad, es el cocinero de su materia. No logrará despertar el apetito de sus alumnos si les presenta cualquier bazofia.

Los venenos de las clases pueden ser:

incompetencia, mal humor, monotonía...

todo eso estimula la indisciplina.

Caldo de pollo y mole poblano

Hay algunos platillos que no pueden darse a todos los alumnos. El profesor debe tomar en cuenta la capacidad digestiva de los estudiantes de acuerdo con su personalidad y su edad. No podemos darle mole poblano a un niño de un año ni tampoco caldo de pollo como plato principal a un adolescente.

Los adolescentes no deben ser tratados como niños

pequeños ni hay que darles papillas cuando lo

que quieren comer son ricos sándwiches.

El profesor debe tener una idea de la capacidad del alumno para estudiar determinada materia. Por ejemplo, las materias que exigen un pensamiento abstracto son muy indigestas para los niños que todavía no han desarrollado ese tipo de razonamiento. Como no pueden comprenderlas terminan aprendiéndolas de memoria.

El maestro también debe ser consciente de que los alumnos pueden tener facilidad para algunas disciplinas y presentar dificultades para asimilar otras, lo que no depende de la edad sino de las aptitudes de cada quien. Para algunas personas la física, la química y materias similares, denominadas "exactas", pueden ser pan comido, y su estómago puede aceptarlas sin problemas, o bien pueden ser un mole poblano de difícil digestión.

En rigor, no podemos exigir el mismo resultado a todos los estudiantes. Cada alumno es una persona diferente, única. Pero como hay muchos alumnos por clase, la tendencia de los profesores es considerarlos a todos iguales. Sin embargo, vale la pena dar más atención a quien más la necesita, ya que darla a quienes no la necesitan puede ser un desperdicio.

El profesor debe explicar la materia con palabras de fácil comprensión, para que incluso los alumnos con dificultades puedan entenderla. Tal vez esta sugerencia pueda parecer obvia, pero quiero subrayar este punto, pues algunos profesores explican la materia de la misma manera para toda la clase, masificada, sin tomar en cuenta las diferencias individuales.

El profesor, al preparar su clase, debe tener

la misma inspiración con la que el cocinero

prepara los platillos más exquisitos.

"Tragar" la clase

Esta etapa, la de engullir el alimento, es un proceso individual, es decir, tiene que ser realizada por quien lo come. Equivale a la etapa en que cada alumno descompone la información en partes para su comprensión y posterior incorporación en el cuerpo del conocimiento.

La masticación y la deglución son procesos voluntarios, es decir, dependen del alumno. La clase, después de ser ingerida, pasa a la etapa de la digestión, que ya no depende de la voluntad personal.

El alumno no puede aprender lo que no entiende,

como no puede engullir pedazos de comida más

grandes de lo que su garganta le permite.

Lo que quiero decir con esto es que el profesor puede ayudar a la comprensión y análisis de la información, pero no cabe duda de que el proceso digestivo es tarea del alumno. Masticar bien la comida o no es trabajo de su aparato digestivo. Tomemos como base teórica un aprendizaje secuencial, en donde la materia siguiente depende de la anterior, si la primera no se hubiera absorbido sería necesario desmontarla en partes pequeñas para favorecer su comprensión. Por ejemplo, la resolución de un problema que depende del teorema de Pitágoras. Si el alumno lo conoce, perfecto, podrá resolver el problema sin dificultades. Pero si no, será necesario que el profesor analice el teorema para que el alumno entienda la información subsecuente.

Un gran error del alumno es recibir la materia tal como la imparte el profesor, llegar a casa para la segunda etapa en casa, cuando entonces debería estar en la tercera etapa. Y esto sucede porque no quiere usar su cerebro durante la clase. Lo ingiere todo, lo que comprende y lo que no comprende. Cuando llega a su casa, lo pone todo en el escritorio e intenta comprenderlo de una sola vez. Y eso si no lo deja para la víspera del examen. ¿No sería más fácil preguntar al profesor en el momento indicado? Hay bastantes profesores que dedican algún tiempo para volver a explicar a quienes no entendieron lo dicho en clase.

Existe una cierta progresión en la comprensión. No es posible forzar lo que no se comprende y al enfrentarse a las materias nuevas el alumno no tendrá bases para aprenderlas.

LA DIGESTIÓN DE LA CLASE

Los procesos de absorción y asimilación del alimento se producen en la intimidad de los procesos intestinales, que no son controlados por el individuo. Es la parte biológica en acción, más allá de la voluntad consciente de los seres humanos en general. Sin embargo, en lo que respecta al cerebro y la mente, las informaciones pueden ser absorbidas y asimiladas por las inteligencias múltiples. Dichas operaciones pueden desarrollarse y perfeccionarse mediante el esfuerzo personal, pero también pueden facilitarse con estímulos y ejercicios. La voluntad participa de manera importante en esos procesos mentales.

Cuando un alumno no aprueba a su profesor, estos procesos empeoran. Pero pueden mejorar bastante si el profesor y los alumnos tienen buena empatía.

Si el aderezo de un alimento fuera bueno y de buen sabor, es decir, si la clase fuera agradable y la materia se presentara de manera interesante por un profesor bien "calificado" por los alumnos, por un profesor preocupado por encontrar ejemplos y aplicaciones cotidianas del contenido de sus clases, entonces ese profesor realizará su cometido de enseñar.

Si un alumno trata de aprender la materia, de comprenderla, interpretarla y practicarla, ese alumno habrá realizado la parte que le toca en el aprendizaje. Aprender es prestar una atención integral a la materia. Comprender quiere decir descubrir el significado de la materia. Interpretar es expresar de otras maneras lo comprendido por medio de palabras, gestos, dibujos, etcétera, para que otros lo entiendan. Cuando el alumno entiende algo, es fácil para él identificar ese contenido y aplicarlo a la vida.

Por lo tanto, la absorción y la asimilación son las partes del aprendizaje que dependen más del alumno que del profesor, mientras que la parte docente en la clase depende más del profesor que del alumno.

Cuando la información está bien presentada,

su asimilación es casi instantánea.

Las diferencias de aprendizaje entre los alumnos se producen por la existencia de las inteligencias múltiples, que son básicamente siete. Por analogía, en esta etapa se hace más evidente la existencia de varios tipos de inteligencia. Surgen las grandes facilidades o dificultades para las ciencias exactas, humanas y biológicas, con sus diversas manifestaciones según el tipo de inteligencia: lógico-matemática, lingüística, espacial, musical, corporal-cinestésica, intrapersonal e interpersonal.

En general, las características de absorción son genéticas: "Hijo de tigre, pintito". Lo que cuenta, sobre todo, es la facilidad para realizar el trabajo. Sin embargo, alguien que no tenga una determinada aptitud puede llegar a desarrollarla con mucho ejercicio y práctica. Un hijo puede nacer sin talento ni habilidad para ser zapatero, pero de tanto convivir y trabajar con su padre zapatero, se vuelve zapatero. Son habilidades creadas, muy diferentes de las que poseemos de manera genética, heredadas de nuestros padres.

Hay personas que nacen fuertes y otras que tienen que hacer mucho ejercicio para fortalecerse. Sin duda, si alguien nace fuerte, un poco de ejercicio hará que se vuelva casi invencible con mucha facilidad.

Hago estas analogías y ponderaciones para explicar cómo lidiar con los diversos tipos de inteligencia. Un profesor podría facilitar la vida de un alumno al que se le dificulta comprender la materia de física, que cae dentro de su inteligencia débil, pero podría rendir más en biología, que pertenece a su inteligencia fuerte. El mismo alumno se sentirá más gratificado y obtendrá mejores resultados cuando estudie la materia para la que tiene más facilidad. Dicho de otra forma: le gusta más lo que absorbe fácilmente y lo absorbe mejor que lo que se le dificulta. Se trata de una selección natural, realizada por la mente y el cerebro de cada quien.

LA INTEGRACIÓN DE LA CLASE

Hay una serie de informaciones dispersas y fragmentadas que, de pronto, en un solo golpe, empiezan a cobrar sentido. Se produce una revelación súbita, una especie de iluminación: es una comprensión repentina de algo que reorganiza todos los conocimientos anteriores que estaban suspensos, desarticulados y aislados. Cada uno de ellos tiene un sentido y cuando se unen y se integran forman una verdad nueva, inusitada, sorprendente. Ese conocimiento integrado hace que muchas preguntas que no tenían respuestas se aclaren. Es como si de pronto, uno mismo subiera de categoría dentro de su propio cuerpo de conocimientos.

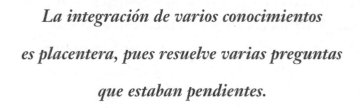

La integración de varios conocimientos

es placentera, pues resuelve varias preguntas

que estaban pendientes.

Un profesor puede ayudar al alumno a conquistar el conocimiento integrado. Si el profesor nada más "pasa" al alumno el conocimiento ya integrado, lo priva del trabajo mental que lo conduciría al placer de descubrir por sí mismo ese resultado. Lo mismo podría decirse de un músculo que no se desarrolla por falta de esfuerzo físico.

Ese placer puede estimular al alumno a realizar nuevas conquistas en el campo del conocimiento. De otra forma, lo que sucede es que el alumno recibe solamente un dato más, que se agrega a los que ya tiene. Esto, incluso, puede resultar frustrante y no lo estimula para pensar ni para sentir interés por aceptar retos, ni para prestar atención en clase… La razón se debe a que el mecanismo del sistema de recompensa existente en el cerebro estimula a la persona a repetir aquello que le da placer, así como deja de estimular la repetición de lo que no se lo proporciona.

Lo mismo sucedería con una película que nos da varias pistas para resolver un crimen. El director tiene que tejer una trama e inducir al espectador a tratar de descubrir por sí mismo al culpable. Al final, cuando el director revela al autor del crimen, el espectador, por sí mismo, recuerda en retrospectiva las escenas y logra integrar todas las pistas proporcionadas a lo largo del filme. ¿Qué sucedería si el director dijera desde el principio quién es el autor del crimen? Las mentes de los espectadores, por supuesto, trabajarían de manera diferente.

Transformar la clase en sabiduría

Una vez absorbida, la comida se transforma en energía. Ese saber recién formado y aumentado se integra al cuerpo de conocimientos preexistente. La persona, a partir de ese momento, amplía su campo de conciencia y sabe más que antes. Mientras más conocimientos posea ese cuerpo, más desarrollada estará la persona.

La energía acumulada en el organismo no sólo sirve para mantenerlo vivo y activo, también debe estar disponible para ser usada en cualquier momento. De la misma manera funciona el cuerpo de conocimientos.

La utilización de la energía es más instintiva y automática que consciente, pero la energía del conocimiento tiene que ejercitarse. Las preguntas orales, las pruebas escritas y los exámenes sólo son diversas formas de medir el conocimiento que teóricamente debería estar integrado.

Lo que ha sucedido es que esas evaluaciones no miden el conocimiento, sino la información disponible en ese momento.

Una información puede ser retenida en la memoria para ser descargada solamente en esas evaluaciones, pero

no tener sentido para el alumno. Cuando las evaluacio
han terminado las informaciones desaparecen de la m
te al poco tiempo. Esto es el resultado del estudio co
centrado en el día previo al examen mensual, bimestr
o trimestral. Ese día el alumno memoriza todo lo que
profesor explicó en uno, dos o tres meses de clases. Es
famosa "memorización" de la víspera del examen.

La mayoría de las personas saben que la delgade
extrema o la obesidad representan una falta o un exceso
de energía. La acumulación de energía en forma de obesidad conduce a la aparición de varias enfermedades, que
perjudican la vida. La ausencia de energía vital también
pone en riesgo el funcionamiento del organismo.

Cada persona tiene su propio cuerpo de

conocimientos, que es único y diferente al de todos los

demás seres humanos, como su propia vida.

Es su sabiduría personal.

El verdadero saber es el que aparece cotidianamente, y
aumenta la eficiencia y el placer de vivir. Mientras más
conocimientos automatizados poseamos, más avanza-
remos en el campo del saber. Basta con que siempre
aprendamos y siempre formemos nuevos conocimientos.
De esta manera, la sabiduría estimula el apetito para buscar nuevas informaciones.

De ahí la importancia de la educación continua. Hay personas que saben mucho sobre alguna materia y nada respecto a otras, y les parece que esto está bien. Pueden estar obsesionadas por la materia que conocen perfectamente, pero les falta un enfoque global. Son las que saben hablar de química o de informática, pero no de otra cosa...

No me parece mal que los profesionistas de un área la conozcan a la perfección y manejen sus tecnicismos, pero es importante que se den cuenta de que tal vez los demás ni siquiera entiendan de lo que hablan. Si el fin es comunicarse, ningún profesor debería usar términos que dificultaran el aprendizaje de los alumnos.

En el otro extremo, existen las víctimas de la "anorexia" del aprendizaje. No se interesan por los estudios. Desmotivadas o sin fuerza de voluntad no quieren aprender. Lo único que les importa es aprobar el año.

Mientras mayor sea la sabiduría de una persona,

más quiere saber; mientras menor sea,

menos quiere saber, pues querer saber forma

parte de la sabiduría.

Actualmente, los estudiantes encuentran "comida rápida" de tipo cultural en cualquier parte. No tienen que limitarse al "alimento" proporcionado por la escuela. Pueden aprender al ver televisión, navegar en internet o leer re-

vistas especializadas. En ocasiones, incluso, saben más que su mismo profesor. Hay un proverbio hindú que afirma: "Cuando el discípulo está listo, el maestro aparece." Es decir, cuando el alumno está motivado y dispuesto a aprender, absorbe cualquier información, sin importar de dónde provenga.

Al probar un alimento sabroso, mi querido suegro decía con su acento provinciano: "¡Esto sí que sabe muy bien!" La relación semántica entre el verbo saber, como cuando se dice que algo tiene buen sabor, y tener sabiduría, no es accidental: la sabiduría es alimentar el ansia de saber.

¿Sabe usted por qué los profesores enfrentan en la actualidad tantas dificultades en clase? Pues porque los alumnos muestran más interés por lo que descubren fuera de los salones de clases que por aquello que encuentran dentro de éstos.

Capítulo 3

Los pasos para alcanzar la sabiduría

El alumno,

en el tránsito de la ingenuidad a la sabiduría,

puede recibir —o no— la ayuda de su profesor.

Si conocemos los pasos para alcanzar la sabiduría,

podemos ayudar a los alumnos.

Las etapas que separan la ingenuidad de la sabiduría son cuatro. A continuación hablaremos de ellas.

Primer paso: la ingenuidad

Es cuando una persona ni siquiera sabe que no sabe, es decir, no tiene conciencia de su ignorancia. Podemos hablar, por ejemplo, de la ingenuidad de los indígenas: imaginemos una tribu muy primitiva que vive completamente aislada de la civilización, sin conocer la electricidad. Su vida está organizada sin aparatos eléctricos de ninguna clase y ni siquiera tienen noticia de su existencia. Su vida transcurre con base en sus propios conocimientos, transmitidos de maneras muy específicas.

Lo mismo pasa con un niño que vive en su mundo y, con los pocos conocimientos que posee, no necesita lo que no conoce. Guiado por sus instintos, poco a poco descubre la existencia de otras realidades, y amplía su universo.

Un alumno puede tratar de sacar ventaja de esta ignorancia para justificar lo mal que le fue en un examen, al decir: "¡No pude venir a la clase el día en que la profesora explicó ese tema!" Pero no es posible aceptar esta disculpa, pues si el alumno faltó, tenía la obligación de preguntar a sus otros compañeros o a la misma profesora lo que se vio ese día. Si hubiera faltado porque estaba suspendido, la disculpa sería incluso menos válida.

La ingenuidad genera tranquilidad

mediante la justificación: "Yo hice lo que pude"

o mediante la resignación:

"Pues ya ni modo. Así es la vida."

Segundo paso: el descubrimiento

La persona sabe que no sabe, por lo tanto, puede llegar a aprender.

Volviendo al ejemplo del indígena, cuando entra en contacto con la electricidad se da cuenta de hechos que antes desconocía. Es natural que quiera tener la calidad de vida que la electricidad proporciona. Mientras tanto, en su propio mundo, reconoce que algunas personas tienen más información que él. Cada vez que se enferma busca al chamán, que es una mezcla de sacerdote, profeta y médico brujo, que ejerce el papel de jefe espiritual de los indígenas. Sabe que el chamán conoce plantas capaces de aliviar su sufrimiento y le pide ayuda, *porque sabe que no sabe lo que el chamán sabe.*

El chamán detenta el saber. Puede enseñar al indígena cuál planta cura determinada enfermedad o puede mantener en secreto dicha sabiduría, para que todos dependan de él. Esta segunda opción era la elegida por muchas autoridades políticas y religiosas e incluso, por científicos en la Antigüedad y en la Edad Media, cuando los libros estaban prohibidos para la población en general. Incluso en la actualidad existen libros secretos que contienen informaciones que, si se divulgaran, harían que los ingenuos dejaran de serlo.

Existen malos profesores que para conservar su poder sobre los alumnos, no los ayudan a integrar el conocimiento y les exigen lo que no dieron en clase. Los profesores que abusan de su poder acaban perdiendo autoridad educativa.

Sólo después de descubrir algo

nos damos cuenta de que no lo conocíamos.

Cuando el ser humano descubre que no sabe, tiene la tendencia natural de buscar la manera de aprender, puesto que está dotado de curiosidad e inteligencia. Al juntar estos dos atributos puede surgir la creatividad, que proporciona la base para la creación de las grandes invenciones de la humanidad. El espíritu aventurero es el motor de los descubrimientos.

Quedarse en el no saber forma parte de la

ignorancia. Aprender es el primer paso activo

en el camino de la sabiduría.

Tercer paso: el aprendizaje

Saber que no se sabe es un descubrimiento y al mismo tiempo un desafío para aprender. Cuando una persona busca saciar su curiosidad, sólo se queda satisfecha cuando encuentra respuestas, porque alcanzó el objetivo de su búsqueda y, al mismo tiempo, logró realizar un deseo o saciar una necesidad.

Se trata de una etapa de gran satisfacción. Adquirir nuevos conocimientos nos da una sensación de placer y de poder, y alimenta nuestra sabiduría.

Cuando una persona sabe algo que no sabía, todavía necesita reflexionar para actuar. Al poner en práctica un nuevo conocimiento, éste queda incorporado. Es como un profesor que se da cuenta de una novedad en su campo y quiere transmitirla a todos sus colegas o como el juguete nuevo de un alumno, la ropa nueva de una adolescente o el chiste nuevo del joven que se siente todopoderoso y simpático…

Además de encontrar placer en el conocimiento, el que sabe es más competente que el que sabe que no sabe.

Cuarto paso: la sabiduría

Aparece cuando una persona ni siquiera se da cuenta de que sabe, de tanto practicar lo que aprendió, pues ha incorporado el saber de manera natural y éste pasa a formar parte de su comportamiento. Así, actúa sin necesidad de pensar.

La humildad es inherente a la sabiduría.

El mayor poder que el sabio tiene es el de

querer aprender siempre.

La sabiduría es un inmenso cuerpo de conocimientos desarrollado y enriquecido por el ejercicio y la práctica. Sus enseñanzas fluyen de manera natural, sin esfuerzo, pues el sabio se ve a sí mismo igual que a las demás personas, tal vez con mayor experiencia que ellas, pero siempre trata de aportar a los demás y al mundo todo lo que puede. Su humildad es una gran lección para aquellos que, por saber o tener más que los demás, se sienten superiores a ellos.

Tal vez un profesor principiante tenga que preparar una clase con todo cuidado, conocer incluso las referencias bibliográficas, estudiar hasta las preguntas que los alumnos podrían hacerle. Así es como estudia un alumno para los exámenes.

Por otra parte, un profesor que domina su materia y ha dado muchas clases no se prepara tanto, pues el contenido de ésta forma parte de lo que sabe. Es como un alumno que presenta sus exámenes sin tener que estudiar. O como el conductor con práctica que maneja con precisión, automáticamente, sin tener que pensar en cada etapa del proceso. Sus pies y sus manos saben exactamente lo que deben hacer.

Para que los profesores alcancen la sabiduría es necesario que vayan más allá de sus funciones psicopedagógicas y que todo lo que hagan lo encaminen hacia el crecimiento y desarrollo de sus alumnos, para que éstos hagan del mundo un sitio mejor. En ese sentido, el maestro está entre el profesor y el sabio.

LAS DIFICULTADES DEL CAMINO

Cada uno de estos pasos presenta complicaciones. En el primero, por ejemplo, la falta de conocimientos vuelve la vida muy pobre, limitada. Una persona así vive con pocos recursos y se satisface con muy poco.

En el segundo, cuenta mucho la personalidad de cada quien. Se puede optar entre querer aprender lo que no se sabe o conformarse con lo que ya se sabe.

> El conformismo vuelve ignorantes a las personas, pues no les importa buscar el conocimiento. Un alumno perezoso piensa: "¿Para qué estudié esto, si no viene en el examen?" Un adulto, a su vez, dice: "Ya decidí que no quiero saber."

Un profesor también puede colocarse en esa posición y no querer aprender más, porque ya es profesor y lo sabe todo sobre su materia. Todavía existen profesores que, cuando acaban su carrera, no se actualizan y siguen dando las mismas clases durante años. Su mente se detuvo y obligó también a su cerebro a estancarse y a no desarrollarse más.

Podemos saber todo sobre un tema, pero no podremos ser maestros ni mucho menos sabios si ignoramos a los alumnos, si no nos interesamos por lo que los alumnos saben y dejamos de actualizarnos. ¿Qué le sucederá a un maestro en estas circunstancias cuando se encuentre frente a una computadora? ¿Cómo aprenderá las múltiples funciones de un teléfono celular, que la mayoría de los alumnos dominan tranquilamente, si ni siquiera puede comprender las funciones de una videograbadora?

El sabio querrá aprender de cualquier manera, incluso, con un alumno. En ese momento, el alumno transmitirá al profesor lo que éste necesita en ese momento y no todo lo que sabe. Así, enseñará al profesor en la medida en que éste lo necesite. ¿Qué le pasaría al profesor si el alumno le quisiera enseñar todo lo que sabe en ese momento, independientemente de la necesidad de aquél? Así, el alumno aprende viendo al sabio aprender de él. Esto quiere decir que el profesor al aprender transmite la actitud de humildad del aprendiz.

El sabio tiene la humildad de ser un eterno aprendiz.

La sabiduría está en cualquier parte.

El sabio es aquel que la identifica y la practica.

Sin embargo, el sabio no es un sabelotodo. La omnisciencia limita, impide la ampliación del conocimiento. De la misma manera, la baja autoestima puede limitar el aprendizaje si la persona piensa que "nunca podrá aprender nada".

De esta manera, tanto la omnipotencia como la impotencia inhiben el desarrollo de esa persona, que empieza a retroceder. Ser retrógrado se relaciona más con la actitud ante la vida, que con la cantidad de conocimientos que se poseen.

Mientras mejor sea la integración relacional,

mayor será el deseo de aprender lo que no se sabe.

Cuando una persona deja de querer aprender,

empieza a envejecer.

En el tercer paso, el problema es la valoración excesiva del propio conocimiento. La persona empieza a explicar todo lo que le rodea por medio de lo que aprendió, como si sólo sus conocimientos fueran válidos y el resto no.

Un ejemplo de esto es el profesor preciosista que no reconoce lo que hace el alumno. No admite, por ejemplo, que se realicen investigaciones por otros medios: sólo considera válido aprender las cosas tal como él las enseñó. (Esto se aplica sobre todo en los exámenes escolares.)

Cuando se adquieren nuevos conocimientos es natural que exista al principio cierto deslumbramiento, como le sucede al niño que aprende a leer y busca las letras que ya conoce en todas partes. O como un profesionista recién recibido que se convierte en un académico perfeccionista. Es la práctica, en realidad, la encargada de mostrarles que no sólo ese saber es el que vale. El preciosismo omnipotente del nuevo saber desprecia otros puntos de vista y las explicaciones tradicionales. El nuevo conocimiento, por su parte, a veces se usa para menospreciar a los demás conocimientos.

Nadie puede quitarle a una persona lo que sabe.

Pero la vanidad del saber puede hacerle daño.

No podemos olvidar que sólo llegamos al lugar donde estamos gracias a que otros lo descubrieron antes. El esfuerzo de quien nos antecedió hizo posible que alcanzáramos ese nivel de conocimiento sin esforzarnos tanto. Una persona que se cree autosuficiente limita su crecimiento. A fin de cuentas, por más conocimientos que alguien tenga en un área, siempre puede mejorar su desempeño cuando está dispuesto a recibir aportaciones procedentes de otras disciplinas. La fase del aprendizaje también puede conducir a un nuevo saber: el ser humano, cuanto más sabe, más se percata de lo mucho que hay que aprender.

Quien está abierto al nuevo saber

presta atención a las diferentes personas.

Se dispone a oírlas y a transformar las

diferencias en aprendizaje.

La anorexia del saber

Teóricamente, la función del profesor es enseñar y la del alumno, aprender. Pero, en la práctica, eso no siempre sucede. No se puede curar a un anoréxico haciéndolo comer a la fuerza. Para tratar esta enfermedad es necesario cambiar su relación con la comida. Lo que muchos profesores han hecho es atiborrar de conocimientos a los estudiantes para ver "si así logran aprender algo".

Los alumnos, aun sabiendo que no saben, no muestran, en general, deseos de aprender. Es como si el saber fuese algo pesado. Si aprender es como comer, no parecen tener apetito. Sufren de la anorexia del saber… como una persona enferma, que a pesar de estar desnutrida, casi muriendo de inanición, no come.

En ocasiones, después del gran esfuerzo de aprender las cosas de memoria la víspera del examen, queda alguna información, pero muy escasa para resultar provechosa. Es como si, ante una comida preparada para mucha gente, el "memorista" sólo comiera un bocado.

> Hay profesores que dan el máximo para que los alumnos aprovechen el mínimo. ¿No sería preferible preparar menos comida y mejorar la calidad del alimento para que los bocados fueran más nutritivos?

En la fase del descubrimiento en la que el alumno se da cuenta de que no sabe, deberíamos estimular su interés por la información, proponerle retos, concursos culturales, trabajos en grupo, actividades prácticas como dramatizaciones, actividades artísticas como pintura, música, teatro, etcétera.

> El niño que no sabe leer ni siquiera escribir puede estar interesado en aprender ante la posibilidad de apropiarse de lo que está escrito. El simple saber le confiere gran placer e independencia.

¿Qué interés inmediato podría tener aprender una fórmula de física si el estudiante piensa que no necesita ese conocimiento? En apariencia, ese aprendizaje no le parece en absoluto interesante, a la inversa de lo que le sucedía en la fase de alfabetización.

El estímulo "si no sabes, sacarás una baja calificación y tendrás que repetir el año" no siempre es suficiente para despertar el interés. Muchas veces, lo que motiva a los estudiantes es el proyecto de estudiar una carrera en la cual recibirán una capacitación profesional. Estudian porque necesitan aprobar el examen de admisión a la universidad, no porque piensen que el conocimiento les será útil.

> Nadie se opone a aprender si cree que así tendrá la oportunidad de mejorar su calidad de vida, de la misma manera en que nadie muere de hambre si tiene alimentos a su alcance.

Podemos observar que existe una laguna entre la fase de alfabetización y la época en que se busca una capacitación para el trabajo en facultades o escuelas profesionales. Esta laguna corresponde precisamente a los años de enseñanza en la secundaria y la preparatoria, durante los cuales se recibe una preparación que, en teoría, es importante.

¿Pero en qué medida es verdaderamente importante? Para conquistar el mercado de trabajo, ¿es necesario saber todo lo que se enseña en la escuela? Muchas personas que han acabado su formación usan, ya sea para su trabajo o en la vida cotidiana, muy poco de lo que aprendieron en ese periodo. ¿Cómo optimizarlo? Es un gran desafío.

Dirigir los estudios de acuerdo con los intereses del alumno sería una utopía, porque éste puede, tranquilamente, conformarse con una vida más simple. Es conocido el deseo de muchos jóvenes, hijos de grandes empresarios, ser los dueños de hoteles de playa o vivir en un pueblo de pescadores y ganar lo estrictamente necesario para sobrevivir.

> No vale la pena esperar a que un alumno tome la iniciativa de querer aprender algo que no le sea útil, porque su cerebro todavía no ha madurado lo suficiente. Como no sabe aplicar lo que aprendió, surge la sensación de la inutilidad de lo aprendido.

A esos jóvenes les falta el estímulo que la educación ofrece: "preparación para la vida". Ésta sí sería una motivación para el estudio.

> Tenemos que demostrar a nuestros jóvenes que el que sabe más vive mejor, porque está en mejores condiciones de resolver los problemas cotidianos de manera más eficiente, gana más dinero y tiene una mejor posición social.

Un niño de once años entró en una sesión de terapia individual muy agitado, insultando a su profesora. Decía que aborrecía las matemáticas y había decidido volver a cursar el año. Le pregunté el motivo de su enojo. Detestaba tener que estar buscando la incógnita, la "x" de una ecuación. La profesora no sabía explicar, él no entendía nada, y además, ¿para qué aprender algo que nunca usaría en su vida?

Estuve de acuerdo con él en que las ecuaciones pueden ser muy aburridas, le propuse cambiar de tema y le pregunté cuándo había sido la última vez que había salido de paseo con su familia a un lugar cercano. Yo sabía que a él le gustaba mucho ir ahí.

—¡El sábado pasado! —respondió.

—Normalmente, ¿cuánto tiempo hacen para llegar allá? —le pregunté, como para hacer plática.

—¿A qué velocidad? —preguntó él.

Entonces, jugando, le dije:

—¿Lo ves, tonto? Acabas de aplicar una ecuación.

Me miró con cara de espanto:

—¿Cómo?

—¡Pues claro! Si al cambiar la velocidad cambia el tiempo es porque ahí hay una ecuación: la velocidad es el espacio recorrido por el tiempo empleado. Cuando preguntas: "¿A qué velocidad?", automáticamente te das cuenta de que si se cambia de velocidad cambia también el tiempo empleado, ya que la distancia que se recorre es la misma… Entonces, ya estás aplicando lo que la profesora te estaba enseñando.

—Pues entonces, ¡la tonta es la profesora, porque no sabe explicar! —respondió riendo.

En este ejemplo, queda claro que el púber, cuando no entiende lo que el profesor le explica, además de enojarse lo culpa de ello. En realidad, lo que a la profesora le faltó fue mostrar cómo en la práctica cotidiana el alumno puede aplicar las ecuaciones.

Cuando el alumno no puede aplicar a su vida

lo que el profesor le enseña,

pierde interés en la materia.

LA CURIOSIDAD: UNA ALIADA

La teoría precede ampliamente a la práctica. Los alumnos se ven forzados a aprender sin dudar de nada. Ni siquiera se preguntan cómo es que los automóviles se mueven, cómo funciona la montaña rusa, por qué el Sol sale y se pone a diario... Se someten a los acontecimientos naturales cotidianos sin buscar explicaciones. La verdad, en muchas ocasiones, es que a los padres no les interesa despertar la curiosidad de sus hijos.

Los profesores tampoco estimulan las dudas. Quien duda busca respuestas. Muchas veces, los profesores ofrecen datos que funcionan como respuestas a muchas dudas. Pero las respuestas que llegan antes de las preguntas no funcionan como respuestas, sino como datos adicionales que los alumnos están obligados a tragar.

Quien formula buenas preguntas

acaba por encontrar las respuestas.

No debemos hacer que el alumno estudie "a la fuerza", pues eso sería violentarlo. La violencia llama a la violencia y el joven puede ponerse agresivo contra quien lo obligue. Lo que necesitamos es despertar su curiosidad, crear en él el placer de convertirse en un *gourmet*, siempre abierto a las novedades para enriquecer su menú.

Para un alumno desmotivado,

ningún profesor es bueno,

así como ningún viento conduce a buen puerto

a un barco de vela sin rumbo.

Los adolescentes se ven obligados a cursar asignaturas de un programa que se considera bueno para ellos, pero que no toma en cuenta el momento vital en que se encuentran. Sí, no es extraño que una de las expresiones populares entre ellos sea: "La escuela está bien, lo que fastidia son las clases."

Los alumnos están interesados en las personas con quienes se identifican, en convivir con sus compañeros. ¿Por qué no aprovechar eso en las clases? Socialización, cambios corporales, relaciones sociales: basta detenernos en la etapa por la que atraviesan para tener material de sobra para muchas disciplinas y ejemplos que tengan utilidad inmediata.

Los adolescentes son muy diferentes de los niños. A los niños les gusta descubrir novedades, ampliar su mundo, pasar de la ingenuidad al descubrimiento, del placer de aprender al placer de saber. Para el niño, todo es placentero… Los niños están siempre dispuestos a aprender (si no están deformados por la educación doméstica).

El adolescente, en cambio, quiere descubrir las cosas, pero a su modo. Vive un segundo parto: abandona la protección de los adultos, principalmente la de sus propios padres, y conquista su independencia. Por eso, el placer del adolescente se encuentra más en la autonomía y en la búsqueda de su propia identidad.

> Las diferencias entre adolescentes y niños son tan grandes que no podemos tratarlos de la misma manera, como si fueran iguales. La enseñanza tradicional sigue negando esas diferencias, lo que irrita a los adolescentes.

Si tiene que engullir los conocimientos obedientemente el adolescente se sentirá tratado como niño, lo que lastimará su autoestima. Como resultado puede querer pasar al segundo paso, el del descubrimiento, y negarse a aprender. Algunos llegan al punto de decidir repetir el año, por sus dificultades para aprender. En este punto la educación escolar entra en crisis. Y ya no podemos aplicar el proverbio hindú que reza: "Cuando el discípulo está listo, el maestro aparece", porque él nunca está listo para ser discípulo. De hecho, el adolescente no aprende, sino que es sometido a un aprendizaje.

Ante una materia nueva el alumno toma conciencia de lo que no sabía. Puede optar por aprender, o por no hacerlo. Si elige el aprendizaje, cuando empieza a utilizar el nuevo saber, transforma su conocimiento en sabiduría. Si no lo pone en práctica corre el riesgo de olvidar lo que aprendió.

El conocimiento de los pasos para alcanzar la sabiduría, sumado al de la información sobre el desarrollo del adolescente (es decir, los cambios que se producen en su cuerpo y, sobre todo, en su mente), puede ayudar al profesor a conseguir resultados mejores en el salón de clases. Sin embargo, lo mejor es que previamente reflexione un poco más sobre su papel.

Capítulo 4

Profesores y maestros

¿Por qué nos acordamos toda la vida de

algunos profesores

y de otros no nos queda el menor recuerdo?

Hay dolores que aún hoy persisten en nosotros,

y recuerdos imborrables de las malas

personas que nos lastimaron.

ENSEÑAR ES UN ACTO DE AMOR

Enseñar es transmitir lo que se sabe a quien quiere saber; por lo tanto, es repartir la sabiduría. Esa repartición, sin embargo, no obedece a leyes matemáticas, porque el conocimiento, en vez de disminuir, aumenta.

Enseñar hace que el maestro actualice su saber, despeje su mente y se abra a las preguntas. Los cuestionamientos hacen girar a las neuronas en busca de nuevas repuestas, lo que reactiva al cerebro y ocasiona un movimiento general en el cuerpo de conocimientos.

Y el maestro se enriquece con la gratitud, la admiración, el respeto y el afecto de su discípulo. Actualmente existen muchos profesores, pero pocos de ellos merecen ser llamados maestros.

Enseñar es un acto de generosidad,

humanidad, humildad y amor.

PROFESORES Y MAESTROS

Más adelante expongo algunas características indeseables en los profesores y otras deseables en los maestros. Profesores y maestros tienen características distintas.

Los profesores que se encuentran en el extremo indeseable sólo pueden mejorar a partir de ahí. He recibido reportes de hasta qué punto algunos han mejorado después de adquirir conciencia de lo que hacían. Los profesores con deseos de aprender se volvieron maestros, pues un día despertaron de un sueño letárgico al que fueron conducidos por las inmensas dificultades que encontraron en los caminos de su oficio. En realidad, pocos son los profesores que tienen mala disposición.

Ser profesor es una función consagrada en el salón de clases: consiste en ser la fuente de información y el responsable del establecimiento del orden en el grupo. El maestro ejerce esa función sin valerse de su posición ni de su poder. Tiene autoridad reconocida por sus aprendices. Los profesores tienen alumnos que están ahí a la fuerza; los maestros, en cambio, tienen discípulos, que los siguen porque quieren ser sus aprendices.

Un profesor sin sentimientos ejerce sus funciones como una computadora. El maestro, en cambio, trabaja como una computadora que posee sentimientos y emociones.

Mientras el profesor omnisciente cree que ya sabe todo lo que necesita saber, el maestro se considera siempre un aprendiz. Si el profesor fuera prepotente no se dejaría cuestionar y no aceptaría sugerencias ni críticas. El maestro, en cambio, aprende también con sus aprendices por medio de sus cuestionamientos, críticas y sugerencias.

El profesor "que todo lo sabe" señala un camino para que los alumnos lo sigan. El maestro, al contrario, es un camino para que los alumnos alcancen la sabiduría.

El profesor se enorgullece de haber sido importante en la vida de su alumno exitoso. El verdadero maestro se enorgullece de haber colaborado en el éxito de su aprendiz, de haber sido un escalón en la vida de aquel que lo superó.

El profesor "jefe" se sirve de sus alumnos. El que es maestro se pone al servicio de sus discípulos. El profesor usa su materia para transmitir su disciplina y aísla su materia de la vida de sus alumnos. El maestro aprovecha la vida de los alumnos para transmitir sus enseñanzas. El conocimiento del profesor sirve nada más para aprobar la materia. La sabiduría del maestro se multiplica.

Difícilmente nos acordamos de lo que un profesor nos enseñó, pero las palabras del maestro se quedan grabadas en nuestra memoria.

El profesor impone el aprendizaje

y exige el conocimiento de la materia.

El maestro despierta la voluntad de aprender.

El profesor tiene que hacer un esfuerzo para enseñar y, más tarde, exigir al alumno lo que le enseñó. Por eso, el que un profesor enseñe no significa necesariamente que el alumno aprenderá. Maestro es aquel que enseña de tal modo que el discípulo se interesa en poner en práctica lo que sabe, transmitiéndolo a su vez a otros. De esa manera el maestro estimula la difusión de la sabiduría. Sus discípulos también se convierten en maestros.

> [Los discípulos tienen en el maestro un modelo de
> vida. En cambio, odiarían ser como sus profesores.]

El maestro logra transmitir un contenido de manera inteligente y creativa. En ocasiones, por medio de música o de una anécdota estimula al alumno a compartir esa información con otros.

Ser maestro es ser un profesor desarrollado. El maestro va más allá de la función de ser un "transmisor de la materia", ayuda a sus alumnos a descubrir la vida.

TRANSFORMARSE EN MAESTRO

Nadie nace siendo maestro ni profesor, así como nadie nace seguro de sí mismo o tímido. El ser humano nace con potencialidades que pueden desarrollarse o no, según los estímulos que recibe o las represiones a que se ve sometido.

El profesor se prepara y lo preparan para ser profesor. Puede ser una profesión como cualquier otra de la cual se sustente. Y un alumno que quiere profesionalizarse conoce en su camino a profesores que no siempre elige.

Un profesor ciudadano ayuda a construir a otros ciudadanos. Y un maestro busca la perfección por saberse imperfecto.

En general, los maestros consagrados en su momento tuvieron pocos pero buenos maestros que ellos mismos escogieron. Tal vez un profesor piense que no es un maestro de su disciplina, pero si logra ir más allá de lo que aprendió y aplicar sus conocimientos para que su alumno los pueda emplear en su vida cotidiana y hacer que se interese por aprender, entonces sí es un verdadero maestro.

Todo sueño —o deseo— para ser realizado necesita ser parte de un proyecto con un objetivo preciso y estrategias de ejecución. Para llegar a ser un maestro, es importante que el profesor vislumbre al menos la figura del maestro en que se quiere convertir y las características que debe adquirir o desarrollar. Un buen estímulo es saber que los caminos están abiertos y a su disposición: el objetivo final de uno de éstos es lograr la integración relacional entre el profesor y el alumno.

El camino de la integración relacional

La teoría de la integración relacional ofrece llevar a cabo esa transformación evolutiva de profesor a maestro. No es suficiente conocer bien la disciplina que se imparte para ser un maestro, se requiere:

1. Estar equilibrado:

- Sentirse bien física, psicológica y éticamente.
- Estar capacitado para alcanzar sus objetivos.
- Ser receptivo a todo lo que pueda mejorar aún más sus funciones.

2. Entender al alumno:

- Considerar la etapa de desarrollo en la cual se encuentra.
- Tomar en cuenta las dificultades y facilidades específicas del aprendizaje.
- Conocer los intereses personales de los alumnos que puedan ayudarlos en su aprendizaje.

3. Conocer el ecosistema vigente:

- Interesarse por mejorar el ambiente y las condiciones de trabajo.
- Informarse de todo lo que pueda estar relacionado con un profesor y sus alumnos, de la relación de éstos con las drogas, la violencia dentro y fuera de la escuela, las dificultades socioeconómicas, el mercado de trabajo, etcétera.
- Practicar la ciudadanía.

El maestro va más allá del contenido específico de las disciplinas que imparte y, con frecuencia, va más allá del tercer nivel del comportamiento humano —la capacidad relacional— al poner en práctica el amor, la disciplina, la gratitud, la religiosidad, la ética y la ciudadanía.

El amor es uno de los sentimientos más importantes entre los seres humanos; los padres pueden ayudar a los hijos a desarrollar el amor generoso, el amor que enseña, el amor que exige, hasta llegar a la madurez del amor que intercambia, y que culmina con el amor que retribuye —cuando los hijos empiezan a cuidarlos.

La disciplina es la cualidad que hace que el ser humano cumpla lo que se propone, aunque nadie se lo exija, pues sabe que es su responsabilidad.

La gratitud es el sentimiento que nos hace reconocer un beneficio recibido directa o indirectamente. Quien es agradecido no puede ser arrogante ni egoísta, actitudes que son los venenos de las relaciones saludables.

La religiosidad consiste en que un ser humano pueda sentirse atraído hacia otro y llegue a formar un vínculo que se convierta en algo más importante que cada uno de los individuos en particular. El vínculo es una entidad que está por encima de cada uno de sus componentes. En nombre de ese vínculo, las personas no hacen lo mismo que harían si estuvieran solas. Si dichos vínculos existentes entre personas que se sienten identificadas entre sí adquieren una categoría espiritual, se crean patrones de comportamiento, rituales, ceremonias, jerarquías de poder y de funciones, en fin: se crea una religión.

La ética se relaciona con un código interno de valores humanitarios, cuyo objetivo es tratar de impedir a toda costa perjudicar a los demás, incluso en su ausencia. Basta con que exista otro ser vivo para que, independientemente de su credo, su cultura, su raza, su nivel social, cultural y económico, merezca respeto y consideración.

La ciudadanía es una de las formas de comportamiento más elaboradas, porque toma en cuenta no sólo el aspecto relacional sino también el cuidado de nuestra habitación, que se extiende sucesivamente a la casa, al lugar de trabajo, al barrio, a la ciudad, a la región, al país, al planeta… Es esa ciudadanía la que garantiza nuestro ecosistema y, en consecuencia, la calidad de nuestra sobrevivencia.

El maestro, al ir más allá de la función de transmitir solamente un contenido de forma pragmática, enseña al alumno un modo de vida que ennoblece el alma. El maestro transmite y ejercita la capacidad relacional. Fomenta el respeto hacia todos los seres humanos, a las reglas sociales y a la ley general que rige el universo.

El sentimiento de omnipotencia es una manera de disimular la mediocridad, la idea de sentirse siempre mejor que los demás. La sabiduría del maestro revela la grandeza de su espíritu: el deseo de aprender con su aprendiz.

El sabio supera al maestro

Cuando hablamos de un sabio, ¿qué nos viene a la mente? En general, la figura de un anciano de barba blanca con una actitud solemne y serena, un estilo de vida simple, buen humor, dispuesto a oír críticas y a responder por medio de parábolas, metáforas o simples analogías, logrando con ello que el discípulo, al asimilar esas informaciones, encuentre sus propias respuestas.

Se trata del estereotipo del sabio. En la actualidad existen maestros en todas las áreas y especialidades. Sin embargo, entre los seres humanos maduros hay pocos maestros en alguna actividad que vaya más allá del ejercicio de su profesión. No me refiero a la titularidad académica postuniversitaria de especialista, maestro o doctor, ya que esos títulos dependen exclusivamente del estudio o incluso de la práctica profesional.

Ser maestro debido a la propia madurez es algo que trasciende la profesión, pues implica una actividad mucho mayor de la que exigiría la práctica de la carrera. También son maestros los profesionistas que, además de su profesión, llevan a cabo otras actividades de tipo social como un gesto ciudadano de hacer el bien para la comunidad, la sociedad, la humanidad y la civilización.

El educador tiene la dignidad y la satisfacción de contribuir a la creación de ciudadanos que recibirán y administrarán todo lo que les dejemos: los ancianos, esta civilización y nuestro planeta, la Tierra.

Una persona, un pueblo, una nación pueden evolucionar hacia la educación. Por eso insisto tanto en hacer que los profesores comunes se transformen en maestros, ya que cada acto que realicen en favor de la educación trascenderá la clase en sí misma, y las alumnos aprenderán las grandes lecciones de la vida, los cuales no olvidarán nunca.

Pero la mayor trascendencia se genera cuando el sabio, sin pertenecer a ninguna escuela ni estar dando ninguna clase, logra transformar a quienes lo rodean en verdaderos aprendices de la vida. El propósito del sabio no es que los otros lo sigan, lo consideren su líder no le den un papel de autoridad: su poder es el que los demás le atribuyen y no el sitio en que él se coloca.

Al sabio no le interesa enseñar, sino hacer lo que esté a su alcance para mejorar la vida de quien busca sus consejos, del ecosistema que lo rodea, del universo al cual pertenece. Dedica su existencia no solamente a los alumnos, sino a mejorar todo lo que estaba antes de él.

Una trascendencia anónima

Como una muestra de respeto hacia los sentimientos de este alumno, lo llamaré Antonio en lugar de usar su verdadero nombre y José a su profesor. Antonio era uno de los mejores alumnos de una secundaria, pero fue apresado por robar. Sin embargo, cuando salió de la prisión no regresó a la escuela. José, el profesor, estaba preocupado por su situación, y un domingo temprano decidió ir a hablar con él. Lo encontró en una casa muy pobre, en una región aún más miserable. José le dijo:

—¿Por qué no regresas a la escuela? No tienes que responderme ahora, pero tienes que saber que tu grupo te espera.

Inmediatamente Antonio le contestó:

—Porque mis amigos no me aceptarán, me rechazarán…

José lo interrumpió y le dijo:

—¡Pero si todos te están esperando!

—Me da mucha vergüenza —confesó Antonio, desanimado.

José, enfático, le respondió:

—Mira: si no te perdonas a ti mismo, es tu problema. Tus amigos te comprenden y ya te perdonaron. Ya cumpliste tu condena. No hay ninguna razón por la que no puedas volver a la escuela. Si no regresas corres el riesgo de robar otra vez. Entonces sí que estarías en problemas. ¡Date la oportunidad de cambiar tu vida! ¡Regresa a la escuela!

El profesor José se dio media vuelta y se fue. Antonio regresó a la escuela la semana siguiente. Y José se quedó contento, muy contento. Su labor trascendió ampliamente su trabajo como profesor y le dio una nueva sensación que nunca había experimentado antes.

Antonio, por su parte, se convirtió en otra persona después de esa conversación que tuvo lugar muy lejos del salón de clases. Actualmente puede enorgullecerse de ser un buen estudiante universitario.

Para Antonio, José fue el maestro que nunca había tenido en su vida. Y José, a partir de entonces, supo que más que un educador era un maestro, un ciudadano.

Así como esta historia existen muchas situaciones de trascendencia que ocurren sin que lo sepamos siquiera y que son fundamentales para sus protagonistas. Para el maestro fue una buena acción entre muchas otras realizadas antes y otras tantas que haría después, pero para quien se benefició de ella fue algo que transformó su vida completamente.

Capítulo 5

Un baño de hormonas

La pubertad es un periodo más vulnerable que la

infancia y la adolescencia, porque se "muda de piel".

El cuerpo del camarón crece, pero su caparazón no.

Cuando se presenta la ecdisis y ya no cabe en su caparazón

el camarón sale de éste, pero hasta no encontrar una nueva

casa se queda sin protección.

Entonces, empieza a segregar un nuevo caparazón que se

adhiere a su cuerpo.

El caparazón más pequeño es la infancia; el mayor,

la adolescencia.

Y el intervalo entre ambos, la pubertad.

El periodo en que el camarón se encuentra más vulnerable

ante sus depredadores es el de la ecdisis,

y en los seres humanos,

el del desarrollo hormonal juvenil: la pubertad.

El desarrollo humano

El ser humano no nace completamente preparado, como los peces, que nacen ya sabiendo nadar y listos para alimentarse solos y de esa forma protegerse de sus depredadores. El ser humano nace, sigue creciendo y madurando, poco a poco forma su cuerpo y su mente hasta alcanzar el estado adulto. Para ello tiene que pasar por la infancia, por la pubertad y por la adolescencia.

Hay características propias de cada etapa que requieren de cuidados específicos de los educadores. La infancia se caracteriza por depender de los adultos y la adolescencia por no querer depender de ellos. Tratar a los niños como si ya fueran independientes o a los adolescentes como si todavía fueran niños es un error que cometen los adultos, ya sean padres o profesores.

En la actualidad los niños van a la escuela a los dos años de edad, cuando su socialización familiar aún no ha terminado. Esos niños tienen que superar varias etapas: adaptación y fobia a la escuela; relaciones con compañeritos que son parecidos a ellos pero que también pueden ser muy diferentes; ser cuidados por personas que no son sus propios padres.

La pubertad es la edad en que surge el vello púbico ("pubertad" proviene de *pubis*, que significa pelo, plumas). La pubertad es una etapa de la vida que está entre la infancia y la adolescencia, la que, a su vez, se encuentra entre la pubertad y la etapa adulta.

Desde el punto de vista corporal es fácil distinguir esas etapas. Todo se complica, sin embargo, cuando hablamos de los componentes psicológicos, familiares y sociales, pues los seres humanos dependen de éstos.

De manera general, todos los cambios del crecimiento representan un segundo parto, como nacer de la familia para entrar en el terreno social en busca de la autonomía de comportamiento. (El primer parto es salir del útero para entrar físicamente, como individuo, en la familia. El tercer parto es desprenderse de la dependencia financiera para llegar a la independencia financiera. Es cuando el adulto se hace responsable de su propia vida, conductual, sexual, social y financiera.)

El surgimiento de los vellos púbicos es una consecuencia directa del aumento de las hormonas sexuales, una verdadera inundación de estrógeno, progesterona y testosterona, lo que provoca también otros cambios corporales importantes y definitivos —un verdadero terremoto—, con alteraciones conductuales que dependen de cada etapa de la adolescencia y que son objeto de estudio de este y del siguiente capítulo del libro.

La transformación del cerebro en la pubertad

Actualmente, gracias al avance de las neurociencias, se sabe que el cuerpo, por su tejido adiposo, genera la leptina que, cuando llega a la base del cerebro, estimula específicamente al hipotálamo, el cual produce la hormona que libera las gonadotrofinas. Éstas actúan sobre la hipófisis, que produce la hormona del crecimiento del adolescente y sobre las gónadas, que provocan la secreción de las hormonas sexuales. Explico esto para que queden claros los complejos equilibrios interactivos y simultáneos del eje hipotálamo-hipófisis-gónadas que son necesarios para la producción de las hormonas sexuales.

Desde que estudié medicina, en 1968, empecé a trabajar con púberes y con adolescentes. He realizado más de 75 mil consultas con ellos y sus familias. Mediante esa experiencia, pude elaborar las etapas de desarrollo biopsicosocial de la pubertad y de la adolescencia, que forman parte también de mi teoría de integración relacional.

De la misma forma en que la infancia tiene sus fases como la oral, la anal y la sexual, la adolescencia, en general (si incluimos en ella a la pubertad) las tiene también, y son cinco: confusión de la pubertad; sentimiento de omnipotencia de la pubertad; el estirón; menstruación en las chicas y cambio de voz en los chicos, y sentimiento de omnipotencia juvenil. (Los detalles relativos a los cambios hormonales, corporales y conductuales de cada una de estas etapas se encuentran en mi libro *Adolescentes: Quien ama educa*.) En el presente capítulo me centro exclusivamente en las fases que se relacionan directamente con el proceso educativo.

Las etapas del desarrollo de los alumnos

El desarrollo de la adolescencia se presenta en cinco etapas:

1. *La confusión de la pubertad*. Los niños de 10 y 11 años de edad (que cursan el 4° o el 5° de primaria) y las niñas de 9 y 10 años (que están en 3° y en 4°) empiezan esta etapa con un aumento en sus niveles de testosterona y de estrógeno, y con la aparición del pensamiento abstracto, esto gracias a la maduración del cerebro. Pero el cuerpo todavía no muestra cambios significativos. A veces se portan como niños que necesitan de los adultos; otras como niños mayores que ya no quieren ser tratados como chiquitos.

El problema es más mental que corporal. En esa fase todavía no logran comprender las materias que exigen un pensamiento abstracto. Esto puede ocasionar serias consecuencias al niño varón que, ya en 5°, todavía no tiene la madurez suficiente para entender los contenidos de las clases. (Es muy común que ellos tengan que repetir ese año.) Las niñas pasan por lo mismo en 3° donde los contenidos todavía están pensados para niños chicos y por eso ellas sufren menos. Como son más maduras que los niños, no se les dificulta el 5° año.

Existe, por otro lado, algo que he llamado "el síndrome del 5° año": me refiero a los sufrimientos que padecen los niños varones que no tienen la madurez suficiente para entender las clases que reciben. No estamos hablando de disciplina, sino de inmadurez. En general, maduran hacia el final del año escolar. Pero, mientras tanto, necesitan ayuda para organizarse, pues si no, son capaces de ponerse a estudiar historia para el examen de geografía. En ese momento, además de las mudanzas internas que atraviesa el púber está en medio de los cambios psicopedagógicos que se dan entre el 4° y el 5° año, lo que hace su vida mucho más difícil.

2. *El sentimiento de omnipotencia de la pubertad.* Se trata de una especie de rebeldía hormonal ocasionada por la testosterona e incrementada por la evolución cerebral que empieza a alterar el sistema de recompensa. Esto quiere decir que al jovencito ya no le hacen gracia las actividades infantiles y su vida se empieza a volver tediosa, pues aún no ha descubierto los nuevos e intensos estímulos que activan al sistema de recompensas. El jovencito se pone "en contra del mundo" y cuando le va mal en los exámenes "decide repetir el año". Le gusta contradecir al profesor diciéndole: "Usted no es mi papá (o mi mamá) para mandarme." Pero aun en casa se rebela ante cualquier orden de sus padres. Ya muestra las características masculinas: hacer las cosas una por una, resolver sus problemas solo, no soportar que haya gente platicando cerca de él, ser impulsivo-agresivo-enojón-impaciente. En una confrontación abierta el profesor casi siempre pierde, pues el chico tiene que ser "el más fuerte" para alimentar su autoestima, aunque sus argumentos no tengan ninguna lógica.

En este punto los alumnos están viviendo lo que llamo "el síndrome del 1º de secundaria", es decir, el conjunto de características que presenta el púber de 13 años que se siente omnipotente. No le gustan los estudios, pero sí le agrada la presencia de miembros del sexo opuesto.

En cambio, la omnipotencia femenina en la pubertad es muy distinta, ya que en el caso de las mujeres las conductas están regidas por el estrógeno. Es una exageración hablar de un sentimiento de omnipotencia en las chicas, porque en ellas los problemas tocan más bien la esfera de las relaciones que la del poder. Lo que más les importa es su grupo de amigas. El mundo gira alrededor de éste. Los padres son vistos como los proveedores que tienen que soportar, pero cuando se decepcionan de sus mejores amigas, que entonces se convierten en "enemigas mortales", corren a llorar al regazo paterno. Para las muchachitas es necesario compararse con sus amigas, mientras que en los niños eso implicaría una competencia. Surgen con profusión las características femeninas: hacer muchas cosas al mismo tiempo; hablar para organizar sus pensamientos; cuidarse de "los niños encajosos", porque los chicos con sentimiento de omnipotencia sobre el sexo opuesto "tienen la mano muy larga". Los profesores, aunque saben que es prácticamente imposible que las chicas de esa edad guarden silencio, deben pedírselo. Si ellas saben que deben guardar silencio hablan menos. En general, la "omnipotencia femenina" empieza a partir del 4º año.

3. *El "estirón".* Es la etapa de mayor crecimiento en el ser humano. Uno de los problemas que tiene la mente es adaptarse a ese crecimiento. Los muchachos crecen mucho en poco tiempo: en el lapso de uno a dos años crecen prácticamente un tercio de su estatura definitiva. Las muchachas no crecen tanto, pero ganan "redondez", pues crecen hacia el frente (senos), hacia los lados (caderas) y hacia atrás (nalgas).

Todos tratan de disimular lo que no les gusta de su cuerpo, por lo que usan ropa demasiado holgada o muy ajustada, sobre todo las chicas. En esta etapa, los jóvenes creen que todos notan sus defectos, que en realidad sólo están en su mente. Muestran baja autoestima, sufren ataques de timidez, crisis de odio hacia sí mismos, se mueren de vergüenza cuando se sienten expuestos, etcétera.

Los profesores tienen que evitar exponer individualmente a sus alumnos con preguntas orales (de pie) o pidiéndoles que pasen al pizarrón para escribir. Los alumnos prefieren morirse antes de ser blanco de este tipo de atención, y quisieran "matar" a quienes los exponen, ya sean sus padres, parientes, maestros, etcétera. Los trabajos en equipo, por el contrario, los ayudan a protegerse mutuamente.

4. *Menstruación y cambio de voz.* La menarquia es la primera menstruación que inaugura la posibilidad de embarazarse; de esta manera, la chica avanza hacia su madurez sexual biológica. Es muy común que las personas digan: "¡Se convirtió en señorita!" El cambio de voz

del muchacho es una señal de que su estatura y su pene han alcanzado su tamaño definitivo. Su capacidad de reproducción empieza desde la pubertad, pero a partir de este momento su cuerpo es más de adulto que de adolescente. A los educadores les cuesta percibir cualquiera de las transformaciones clásicas de estas etapas, que siguen una secuencia natural, pues no alteran demasiado los lineamientos anteriores del comportamiento estudiantil.

5. *El sentimiento de omnipotencia juvenil.* Para los profesores que no se han actualizado con objeto de acompañar el desarrollo de sus alumnos, ésta será sin duda la etapa más problemática de su relación. Biológicamente maduros, en el auge de su fuerza hormonal recién inaugurada, los jóvenes se sienten invulnerables, poderosos, autosuficientes, astutos y capaces de enfrentar cualquier peligro, es decir, —se oponen a todo y ya no como en la pubertad—, sino porque en realidad lo sienten así. Le dedican más atención a su grupo de amigos que a sus estudios, y les exigen cada vez más cosas a sus padres, a quienes ven como simples proveedores.

Les encanta ir a la escuela, pero no les gustan las clases monótonas, aburridas, que no los enriquecen. Si los profesores oyeran esas quejas podrían aprender que los alumnos prefieren clases dinámicas, subdivididas en pequeños grupos y con la participación activa de todos en busca del conocimiento.

Los jóvenes que se sienten omnipotentes se encuentran ya en la fase de buscar sus propios caminos, aunque el terreno sea muy conocido. No les gusta recibir las cosas ya hechas; quieren construir su propio sueño. El poder ya no funciona con ellos. Una de las maneras de lograr que respeten nuestra autoridad es aprender con ellos lo que no sabemos. Así pensarán: si hasta los profesores aprenden, ¿por qué nosotros no? Es importante sacar partido de las diferencias y a partir de ellas aprender lo que no de sabe. Los jóvenes omnipotentes son prejuiciosos hacia quien muestra prejuicios con ellos.

En la etapa de la omnipotencia, el joven se encuentra en la enseñanza media, y durante esta fase convivir con el grupo de amigos es más importante que estar con la familia. Salir con ese grupo es básico para ir a bailes, fiestas, viajes, parrilladas el fin de semana, ir a partidos de los equipos favoritos, etcétera. Y cuando el joven o la muchacha entra a la facultad, ya tiene auto (o no), empieza a vivir solo en otra ciudad, lejos de sus padres, su omnipotencia entra en acción. Nos encontramos ante una de las causas por las cuales estos jóvenes repiten el año o dejan los estudios universitarios en los primeros años, y es que creen que pueden faltar a las clases o beber hasta altas horas de la madrugada, y que, además, pueden tener relaciones sexuales sin la mínima protección o manejar en estado alcohólico.

En general, esos jóvenes son inmunes a las intervenciones de los profesores en su vida particular y la escuela tampoco suele mandar llamar a sus padres, sobre todo en el caso de los adultos jóvenes. Creo firmemente que muchos jóvenes en esta etapa dejarían de ser tan irresponsables si sus padres les prestaran mayor atención. Y si los profesores conocieran las distintas etapas que sus alumnos atraviesan podrían comprender mejor estos problemas y elegir los recursos pedagógicos más adecuados para enfrentarlos.

ESTRÓGENO Y TESTOSTERONA EN ACCIÓN

Este aspecto constituye la base de la relación entre el profesor y el alumno, puesto que las hormonas son el fundamento biológico de cualquier relación humana. Si cualquier persona debiera conocer este tema, con mayor razón los educadores.

Los hombres son hormonalmente distintos a las mujeres. Esas diferencias pueden ser mayores o menores, dependiendo de las culturas, y pueden observarse fácilmente en la vida cotidiana.

Las mujeres hablan y escuchan al mismo tiempo,

y pueden hacer muchas cosas simultáneamente.

Los hombres, en cambio, o hablan o escuchan,

y hacen las cosas una a la vez.

Además de las diferencias entre las conexiones de los dos hemisferios cerebrales (que están mucho más conectados en las mujeres que en los hombres), lo que determina básicamente el comportamiento femenino son el estrógeno y la progesterona; y la responsable del comportamiento masculino es la testosterona.

El estrógeno y la progesterona no son mejores que la testosterona ni a la inversa. Son complementarios y ambos son necesarios para conformar un nuevo ser. Unidos son la única alternativa que la biología nos da para concebir un hijo. Lo cual refuerza la naturaleza reproductiva del ser humano, pues dos mujeres no pueden embarazarse y mucho menos dos hombres.

El estrógeno es una hormona que fomenta las relaciones y la ayuda mutua; estimula a ayudar a los necesitados, a compartir problemas y a encontrar soluciones. En cambio, la testosterona es una hormona de lucha y expulsión. Esos dos agentes hacen la diferencia entre muchachas y muchachos desde la pubertad.

Ella. Si mira usted con atención a una jovencita verá en sus ojos dos pequeños corazones latiendo, apasionados, en el lugar de sus pupilas. Es el estrógeno que desborda afecto hacia el universo, que inicia con su papá, continúa con el profesor, luego con los artistas y los amigos, compañeros o galanes, hasta que elige a alguno "con el que se quiere casar".

El descubrimiento de la sexualidad empieza después de la expresión del afecto: antes de sentir una atracción sexual, la jovencita de pronto ve diferentes a los muchachos; en realidad, es ella la que cambia. Ya no quiere ser una niña y deja de gustarle la ropa infantil.

Es como si ella imaginara dentro de sí un caballo blanco, que representa su capacidad de amar a otra persona. Cuando ve a alguien que le resulta atractivo hace que se siente en su caballo blanco y se transforme en su "príncipe encantado". Muchas veces, ni es un príncipe ni le gustan los caballos y mucho menos sentarse en la silla de montar. Los amores platónicos de las púberes cambian constantemente y cada uno de ellos ocupa esa silla imaginaria de la que pronto se tiene que bajar para que otro la ocupe. Pero no son los muchachos ni los chiquillos que conoce los que ve montados en su caballo blanco: la púber apasionada los transforma en príncipes con corona que se encuentran sentados en su caballo blanco.

Por lo tanto, el profesor tiene que tener mucho cuidado si, de repente, se descubriera montado en un caballo blanco, vestido de príncipe, en una película que no es la suya, donde es el protagonista de la obra de una púber que tal vez él ni siquiera conoce.

Él. En el fondo de los ojos del púber, en vez de pupilas pueden verse un par de guantes de box. Todo lo resuelve a golpes y no deja que nadie se le acerque demasiado. Siempre parece estar de mal humor y con cara de pocos amigos. Después, una de las pupilas es un guante de box, pero la otra se convierte en sexo. Algunos llegan a tener ambas pupilas ocupadas por el sexo exclusivamente, es decir, el sexo se convierte en algo más importante que pelear. Cuando está en esta etapa, se pelea con cualquiera para defender su territorio, ya sea geográfico, corporal o psicológico.

Una pelea con el profesor puede no deberse a ningún problema con él, sino a que el chico, en ese momento, no quiere que nadie esté en su territorio. Ese deseo hace hervir a su testosterona, la que a su vez "derrite" su cerebro, que deja de funcionar. Entonces el púber se vuelve puro instinto y nada lo puede detener. Lo mejor en ese momento es dejar el asunto para más adelante, cuando los ánimos se tranquilicen. Aunque es posible que el chico tampoco esté de acuerdo con eso.

Si los profesores descubren que estos chicos tienen revistas o impresos pornográficos o eróticos, o, incluso, fotos de mujeres desnudas, no sirve de nada confrontarlos ni expulsarlos del salón de clases. Tiene que reconocer, de manera discreta, que son cosas privadas, pues no sirve de nada luchar contra la fuerza del despertar sexual. Para los púberes varones, lo primero es el descubrimiento del sexo y después las relaciones afectivas; exactamente al revés de lo que sucede con ellas.

El amor platónico de las jovencitas

equivale a las fantasías sexuales de los jovencitos.

Ellas se enamoran;

ellos quieren tener relaciones sexuales.

Los problemas se inician cuando hay intereses opuestos; es decir, cuando la muchacha se enamora apasionadamente de alguien que nada más quiere tener sexo con ella. En vez de emprender una lucha contra la naturaleza bioló-gica femenina o masculina propias de esa edad, lo mejor es comprenderlas y educarlas. Parte de las materias de los jóvenes, como disciplina lateral, podría ser el tema de las hormonas. Algunas clases o discusiones sobre esto harían que todos asistieran, pues en realidad sería de todos ellos, hombres y mujeres, de quienes se hablaría.

Un conflicto de intereses afectivos

Sin duda, los padres quieren lo mejor para sus hijos. Los profesores también quieren lo mejor para sus alumnos, pero sin tantos compromisos emocionales ni tantas ex-pectativas futuras. Cuando los hijos salen con personas aprobadas por sus padres, todo funciona bien; pero si no las aprueban o de plano las agreden abiertamente, em-piezan los conflictos.

Sin embargo, aunque los padres soliciten su inter-vención, la escuela no tiene la capacidad para actuar a favor o en contra de los noviazgos de sus hijos. La escue-la debe velar por las buenas costumbres dentro de sus instalaciones. No sería conveniente que en la escuela tu-vieran lugar los noviazgos con abrazos y caricias atrevidas y prolongados besos "de lengua", como si la pareja estu-viera en su casa o en una discoteca.

En el tema de los noviazgos, ¿cuál es el límite que separa lo permitido de lo prohibido? Si el límite lo esta-blecieran las parejas "de novios" dependería de la permisividad y la educación de las muchachas, ya que los muchachos, por su cuenta, llegarían con gusto al orgasmo, con o sin relación sexual.

Muchas veces he afirmado que una escuela, para tener autoridad educativa sobre los alumnos, necesita poseer valores que sean llevados a la práctica en realidad. Cuando las normas se respetan, incluso las parejas que andan "noviando" pueden educar sus impulsos afectivo-sexuales y aprender el límite entre lo público y lo privado.

Los noviazgos en público no tienen intimidad sexual. Ésta pertenece al ámbito del mundo privado. La pareja es la única que debe determinar hasta qué grado llega su intimidad sexual y tiene que ser madura y responsable para enfrentar las consecuencias. Los enamoramientos juveniles, principalmente de aquellos que se sienten omnipotentes, no respetan los límites ni eligen lugares adecuados para llevarse a cabo. Por eso, la escuela tiene que intervenir si lo privado empieza a mostrarse. Cuando se habla con los novios sobre el asunto, casi siempre se defienden: "Pero si no estamos haciendo nada…" Tal vez esa "nada" para la pareja no lo sea tanto para los demás. ¿Cómo podrá la escuela hacer respetar un patrón de conducta si la pareja de novios cree que no está haciendo "nada"?

Algún empleado de la escuela debe intervenir y llevar a la pareja con el orientador o el director. El director puede preguntarle al chico:

—¿Te parece que "no tiene nada de malo" no distinguir lo público de lo privado?

——No, porque lo hago en cualquier lugar —puede responder el alumno.

—¿O sea que cualquier persona que pase puede hacer con tu novia ahí, en ese momento, lo que tú estabas haciendo? En ese caso, tu chica sería realmente una "mujer pública", que accedería a hacer con cualquiera lo que él quisiera… Es decir, que a ella le daría lo mismo hacer contigo o con cualquier otro lo que ustedes hacían.

Si la muchacha también tratara de justificar lo que ambos hacían el director le podría preguntar:

—Lo que hacías con tu novio, ¿lo harías enfrente de tus padres?

Si el director, aun después de esta confrontación, no obtiene una respuesta adecuada de los jóvenes, es el momento de mandar llamar a sus padres para trabajar en conjunto y resolver la transgresión.

La fuerza relacional, casi instintiva

He observado tanto a esas fuerzas actuando en todas las personas, independientemente de su raza, color, cultura, nivel social y ambiente, que decidí usar la expresión "casi" instintiva, porque aún no hemos podido constatar si dichas fuerzas son, de hecho, instintivas. Los seres humanos experimentan esas fuerzas, pero pocas personas las reconocen y las aceptan en realidad. A continuación hablaré de ellas.

Separar a los enamorados jóvenes puede ser algo muy difícil de realizar para los padres, pues ellos se atraen como imanes, aun a través de barreras, y la atracción tiene un origen tanto cerebral como hormonal.

En una pelea entre el padre y los hijos, la madre toma partido por los hijos en vez de hacerlo por su marido. Es la fuerza de la "hormona maternal", la progesterona. La mujer es más madre que hembra.

En una pelea entre la madre y los hijos, el padre protege a la madre. Es la fuerza de la testosterona. El hombre es más macho que padre.

En una pelea entre los padres y los hijos enamorados, éstos prefieren a sus novios que a sus padres. Es la fuerza de la naturaleza de dos jóvenes que se unen por el deseo de encontrar su propios caminos afectivos y sexuales, sin escuchar lo que sus padres les aconsejan.

La fuerza de la relación entre profesores y alumnos es relativa, pero siempre es frágil, menos duradera, menos afectivo-emocional que entre padres e hijos.

Los hijos son para siempre.

Los alumnos son pasajeros curriculares.

DOS MANERAS DIFERENTES DE SER

No sólo los alumnos son diferentes de las alumnas. También los profesores son diferentes de las profesoras. Por todo eso, las relaciones entre unos y otros son distintas.

Las mujeres, muy cercanas a sus amigas, piensan en los demás, comparten preocupaciones y generalmente encuentran alguna forma de ayudarse entre sí.

Es muy agradable convivir con las niñas que tienen entre 9 y 10 años, cuando tratan de ser amigas del profesor y de la profesora y muestran una gran disposición para colaborar. Como es obvio, algunos problemas personales pueden impedir una cercanía mayor.

Tal vez lo que a usted, profesor, pueda parecerle más importante, es que en ese periodo el pensamiento abstracto empieza a desarrollarse y, por lo tanto, la capacidad de entendimiento aumenta mucho de manera general.

El comportamiento de los niños muestra la presencia de la testosterona. Cuando empieza el baño hormonal el púber masculino siente que su cuerpo se transforma, pero no logra comprender lo que pasa.

Es como si fuera un automóvil superpotente, un Ferrari conducido por un chofer sin experiencia. La mente no logra comprender las nuevas posibilidades que le dan las hormonas.

El principal atributo ocasionado por la testosterona en esa edad es la fuerza física. Por eso, la primera reacción del jovencito ante cualquier situación conflictiva es disponerse a pelear. Antes de intentar comprender, saca los puños. Y cuando no puede se enoja, porque es más fácil enojarse que organizarse para reaccionar más adecuadamente.

La dificultad que él mismo experimenta para entender lo que pasa por su cabeza hace que se aísle. Si era muy comunicativo de niño, ahora se vuelve más callado. No le gusta mucho que lo busquen. No le gusta encontrar soluciones rápidamente. Quiere pensar en soledad. No se arriesga a hablar mucho y reflexiona en silencio. Si está preocupado, se encierra en sí mismo.

Hasta el ritmo del crecimiento corporal es diferente entre hombres y mujeres. Los niños nacen de mayor tamaño que las niñas. En la infancia, las niñas crecen y maduran más rápido que ellos. En la adolescencia, los niños crecen y maduran más que ellas, como para ponerse al corriente. Las muchachas de 14 y 15 años se equiparan a los muchachos de entre 16 y 19 años.

Analicemos ahora el comportamiento de los profesores. Imaginemos que una profesora platica un problema a un compañero. Ella expone su problema y, al hablar, organiza su pensamiento, mientras el profesor presta gran atención a sus palabras. Cuando ella termina el profesor, en general, ya tiene una respuesta sobre lo que la profesora tendría que hacer: "Pienso que deberías de…" Y, de repente, se da cuenta de que no era eso lo que ella esperaba. Y es probable que ella le responda algo así como: "Veo que no entendiste nada", y a continuación se dé media vuelta y lo deje ahí, boquiabierto, sin entender nada de verdad.

¿Qué hubiera pasado si ella hubiera buscado a una profesora para platicarle sus cosas? Apenas su interlocutora hubiera entendido el problema, empezaría a hablar de alguno propio, que estuviera relacionado con el tema del que habló su amiga.

Si alguien externo oyera la conversación diría que ambas hablan al mismo tiempo. Y de hecho así es, pero se entienden. Al término de la conversación las dos se quedan contentas, aunque no hayan encontrado ninguna solución, porque compartieron un problema.

En el caso de que un profesor escogiera a una colega para desahogarse, apenas ella se diera cuenta del problema en cuestión, empezaría a hablar al mismo tiempo. Entonces él le pediría: "Déjame acabar de hablar."

Cuando un hombre habla, no solamente quiere comunicar lo que le pasa, quiere resolver su problema. Si la mujer habla al mismo tiempo que él, piensa que no lo está escuchando. Y si ella no le aconseja una solución, entonces él pensará que seguramente no lo escuchó. En cambio, si platica con otro hombre, éste lo oirá en silencio hasta el final y entonces ya tendrá lista una respuesta o una reacción igual a la de la plática con la profesora.

> El esfuerzo que el hombre hace para hablar de sus problemas es semejante al de la mujer para no hablar de los suyos.

Esos comportamientos tan distintos entre los dos sexos empiezan en la pubertad, durante el baño hormonal. Los profesores deben estar atentos a esas diferencias y no exigir el mismo comportamiento a los alumnos y a las alumnas.

Capítulo 6

El segundo parto

El paso de la infancia a la adolescencia equivale a pasar de

un nivel a otro en un juego electrónico, o del futbol

de segunda división al de primera.

Todo se vuelve más brillante, más fuerte, se requiere más

astucia, rapidez, inteligencia…

¡Y los riesgos también son mayores!

Equivale a la transformación del "niño de la familia"

al adolescente que forma parte de su grupo de amigos.

La cantidad de sinapsis neuronales crece y alcanza su nivel

máximo en la pubertad y las sinapsis "excedentes"

se eliminan por falta de uso, y se pierde también un tercio

de los receptores de dopamina.

Así, decrece la sensibilidad del sistema de recompensa;

el joven necesita emociones más fuertes y

busca cosas nuevas de alto impacto.

El cerebro en transformación del adolescente

Los muchachos y las muchachas, que están casi al final de su baño de hormonas, con el cerebro en transformación entran en la adolescencia propiamente dicha. Lo que caracteriza a esta etapa es la llegada de la madurez sexual. Una de las últimas estructuras cerebrales en madurar es la corteza prefrontal. Su madurez completa no se alcanza sino hasta los 30 años de edad. Ésta es la responsable de la memoria, la concentración, la planeación, el cálculo de las consecuencias, la empatía, la habilidad de deducir lo que otro piensa, etcétera.

En la mujer, la madurez sexual se presenta después de la primera menstruación, que en sitios de clima cálido ocurre alrededor de los 10 años de edad y en los de clima frío alrededor de los 12. (Por ejemplo, en Brasil, en el noreste hay casos de niñas cuya primera menstruación es a los 9 años y de otras en Rio Grade do Sul donde se presenta a los 14 años.)

En el hombre, la madurez sexual aparece alrededor de los 16 años cuando surge la nuez de Adán (es decir, el "gañote") y como consecuencia de esto, el cambio de voz. Antes de madurar completamente, el muchacho ya puede embarazar a una mujer. La espermarca (donde se forman los primeros espermatozoides) se presenta alrededor de los 13 años.

[
La adolescencia propiamente dicha empieza después de la primera menstruación de las muchachas y del cambio de voz de los muchachos.
]

La fase posterior al "baño de hormonas" se parece mucho a la del postparto, durante la cual el niño empieza a descubrir el mundo. Impulsado por la curiosidad, gatea, investiga todo, sin tener noción del peligro. El criterio de lo que puede y no puede hacer no ha sido aprendido todavía, y por eso necesita de alguien que realice esa función por él, como una especie de ego auxiliar.

También el adolescente, en la etapa posterior al baño de hormonas, está ávido de conocer el mundo. A pesar de tener muchas ideas formadas de lo que es cierto y falso, a partir de que descubre su propia identidad quiere establecer sus propios modelos. Por eso tiende a negar los modelos existentes, que se transmitieron por educadores, padres y profesores; no tiene aún la madurez cerebral suficiente para hacer prospectivas para el futuro.

Mientras todo esto sucede en un plano hormonal y con el cerebro en transformación, el adolescente experimenta sensaciones que no sabía que existían.

Los juegos infantiles ya no le gustan como antes y por eso, ya no le interesan. Su comportamiento puede ser activado por el sistema de recompensa (un conjunto de estructuras que recompensan con una sensación de placer todo lo que está bien, es útil, importante o acertado), estimulándolo a repetir la acción placentera. Todo esto ocurre gracias a la dopamina, una sustancia neurotransmisora producida por las neuronas, que sirve como vehículo para las transmisiones bioeléctricas entre las mismas neuronas.

Los juegos infantiles alimentan el sistema de recompensa del niño, pues el número de receptores de dopamina es muy elevado. En la adolescencia, su cantidad disminuye mucho y por lo tanto la captación de dopamina es menor, lo que disminuye la sensación de placer y hace surgir la sensación de tedio. De tal forma el joven empieza a necesitar estímulos más fuertes, novedades y actividades estresantes.

En la pubertad y la adolescencia el circuito de recompensa se ve estimulado por la presencia de personas del sexo opuesto, por alcanzar la independencia física ante los padres, por vivir con amigos. Todos esos cambios, que son consecuencia de las transformaciones cerebrales, caracterizan la entrada a un nuevo mundo, la salida del conocido terreno familiar para adentrarse, sin vuelta atrás, en lo desconocido. Es una etapa llena de novedades, peligros, recompensas, placeres nuevos, aprendizajes; se trata, en fin, de una especie de ascenso hacia un nivel superior de un juego electrónico.

Todo lo que hemos dicho hasta aquí nos sirve para explicar las bases neurológicas del cerebro, así como su funcionamiento durante el segundo parto. En la adolescencia nada es gratuito, todo tiene una razón de ser. Lo que rebasa el área de las neurociencias puede explicarse por la educación y la convivencia. Uno de los aspectos de la *teoría de la mente* es éste que acabamos de mostrar.

Cuando comprendemos lo que sucede en el cerebro del adolescente registramos dentro de nosotros esos hechos, por lo cual podemos entender lo que sucede en otros adolescentes. En resumen:

Lo que tenemos dentro del Yo,

vino del Tú

para regresar a Ellos.

En otras palabras, el segundo parto es pasar de ser hijo de familia, cuya compañía son los padres, a ser un adolescente en sociedad, en medio de amigos. Cualquier educador, cuando comprende lo que sucede en el cerebro de su alumno, es decir, lo que éste ha vivido, cuáles son sus sueños, sus proyectos y sus motivaciones, en lugar de juzgarlo con sus prejuicios, basados en la ignorancia, verá frente a sí no a un alumno, sino a otro profesor que puede enseñarle cómo acercarse a otros alumnos. Ésta es la raíz de enseñar aprendiendo.

LA MANÍA DE CREERSE DIOS

La madurez sexual proporciona al muchacho un gran empuje biológico. Aunque temerario, empieza a vivir situaciones de peligro. Se propone llevar a cabo desafíos para medir su poder. El joven que se siente omnipotente cree que puede lograrlo todo. Es muy distinto del púber omnipotente, que reacciona violentamente ante lo que no puede resolver.

El adolescente arriesga todo interesado en descubrir el mundo. Minimiza los peligros y sobrevalúa su propia fuerza. Cuanto mayor es el desafío, mayor será su autoafirmación. Estamos ante el auge de la omnipotencia juvenil, la manía de creerse Dios: "Puedo lograr todo lo que quiera."

Las madres que se quejaban de la timidez de su hijo se quedan entonces sorprendidas: si en la omnipotencia de la pubertad el chico se aislaba, ahora busca a los demás para convivir con ellos. Establece un criterio de selección para elegir a sus amigos y también es elegido por ellos.

Ese grupo de amigos, que se origina en la escuela, en el club o en el edificio donde vive, adquiere un gran significado afectivo para él. Se convierte en una "banda" o pandilla de amigos, que con frecuencia es más importante incluso que su propia familia. Es más fiel a sus amigos que a su país y en el seno de este grupo empieza a formar parte de la sociedad, lo que lo lleva a alejarse de su familia. Se trata de un alejamiento casi fisiológico, pues dentro de esas relaciones encontrará el amor. No puede ser paciente y esperar, lo quiere todo ya, de inmediato. Por eso tiene tanta prisa por vivir, pues sabe que la vida pasa y se angustia de no estar haciendo nada. Se trata de una etapa de grandes discusiones y debates, que a veces desembocan incluso en peleas a gritos con los padres o los profesores, que generalmente son menos arriesgados y más prudentes.

El mayor choque entre un joven que se siente omnipotente y un educador ocurre cuando éste exige al alumno que realice una tarea que aquél encuentra absurda, aunque forme parte de sus responsabilidades. Por ejemplo: tiene que estudiar química, pero piensa que ese conocimiento es accesorio porque no le es útil en ese momento de su vida. ¿Para qué estudiar una cosa que no necesito? —piensa el joven, en el auge de un inmediatismo convenenciero.

Cuando está en casa, también es difícil convivir con el joven que se siente omnipotente, porque se percibe por encima de todos. Le gusta la comodidad del hogar, pero no ayuda en nada a su familia, o sea, no practica en absoluto la "ciudadanía familiar". Quiere ser bien tratado en la casa y en la escuela, pero si se trata de pasar las vacaciones con su banda de amigos, puede aguantar privaciones y estrecheces, en un campamento, por ejemplo.

Lo que más trabajo le cuesta es la escuela, sobre todo cuando la enseñanza es de tipo tradicional. Ahora es que sale a flote la falta de preparación personal para mantener una convivencia sana. El joven omnipotente no puede aceptar consejos de un adulto, sobre todo si éste también tiene una actitud omnipotente. Si ambos se encuentran, la pelea será formidable.

EL CEREBRO INMADURO DEL JOVEN QUE SE SIENTE OMNIPOTENTE

La prevención no existe en el cerebro inmaduro del joven que se siente omnipotente. Vive nada más en el presente, no logra pensar en el futuro y tampoco aprende del pasado. Para él, los educadores "fastidian" demasiado.

Una parte de la madurez cerebral —biológica— consiste en formarse la imagen de algo que se quiere tener en el futuro, registrarla y recordarla como algo que es necesario alcanzar. Un adulto que pretende comprar un carro registra en su cerebro ese deseo. Coloca ese deseo en el futuro, para realizarlo en cuanto tenga la posibilidad. Empieza a ahorrar, siempre con ese deseo en mente, lo que justifica el sacrificio de otros pequeños deseos como viajar, comprarse ropa, etcétera.

Un cerebro inmaduro también puede pretender comprar un carro y empieza a ahorrar. Sin embargo, cuando surge la posibilidad de un viaje, el deseo de viajar se vuelve más intenso que el deseo del carro y la persona en cuestión se va de viaje con el dinero que estaba ahorrando. El cerebro inmaduro no se acuerda del deseo del carro. Es como si se hubiera olvidado del futuro, de que quiere comprar un carro, y sólo tuviera en cuenta el deseo del presente, el que surge de manera inminente. Así funciona el inmediatismo de los jóvenes inmaduros.

Cuando el joven quiere contarle algo a un compañero durante una clase, siente que tiene que ser en ese momento, porque si no, "se le va a olvidar". Su cerebro no ha madurado lo suficiente para acordarse después de lo que le quiere decir a su compañero. El profesor tiene que "ayudarle a recordar" a ese alumno que está en clase y debe hacer a un lado el deseo de hablar con su compañero. Y si los dos están hablando, tiene que decirles: "¿Por qué no platican después de la clase?" Porque si, en cambio, les dice que lo mejor es que "se callen la boca", sólo conseguirá que haya pleito, desobediencia, malestar... El cerebro del joven está aún inmaduro, pero quiere que lo respeten.

Si el profesor logra despertar en el alumno el interés por el aprendizaje, no hay duda de que tendrá un gran aliado. Pero si lo irrita, puede que se consiga un enemigo mortal. Despertar su interés significa recordarle algunas cosas, como decirle que algún tema "estará en el examen" o que "eso es importante", etcétera.

Dé poder a un ignorante

y verá cómo la ignorancia toma el poder.

Los jóvenes que se sienten omnipotentes pueden actuar como salvajes: no saludan, no agradecen, no respetan al que está hablando, hacen lo que se les antoja, sin el menor sentido común. Es como si nada más usaran su parte animal (el comportamiento instintivo que forma parte del cerebro humano).

Si un adolescente muestra una conducta grosera con todos sus profesores, eso indica una falta de educación.

132

La inmadurez no implica ser grosero. Pero si el alumno se porta mal solamente con un profesor y es adecuado con el resto, tal vez el problema se encuentre en la relación específica de ese profesor con el alumno.

En las escuelas tradicionales, sin embargo, el profesor se encuentra más en riesgo, porque no existe un modelo de comportamiento al que pueda atenerse y que esté establecido previamente por la escuela. Su único recurso es adoptar actitudes a título individual, que lo exponen de manera personal más que como representante de la escuela.

> Es bueno que los profesores se reúnan e intercambien ideas, cuando enfrentan problemas con los alumnos. Los alumnos se unen en grupo para enfrentar desafíos, suman así sus fuerzas, mientras los profesores se aíslan, lo cual acaba debilitándolos.

Con frecuencia, la omnipotencia juvenil hace que los profesores duden sobre la mejor manera de actuar y además se sientan indignados, lo cual puede expresarse en la frase: "Con tantos años de dar clase y llega este mocoso queriendo imponer sus reglas." Si el profesor reacciona de esa forma es porque se siente agredido en su persona y no en su función de coordinador de las clases.

Mimetismo y embriaguez relacional

Los adultos saludables pueden frecuentar diversos sitios y adecuar su comportamiento al contexto, sin perder su identidad. Pueden ir a un velorio o a una boda sin resultar inadecuados. Esa capacidad de adaptación al medio se define como *mimetismo relacional* y nos permite ser como un camaleón, que cambia de color según el ambiente, pero no de forma. Gracias al mimetismo relacional personas distintas pueden convivir en sociedad.

Cuando está con su grupo, el adolescente presenta comportamientos que hablan más del grupo que de su formación personal. En ocasiones, hace con el grupo lo que nunca haría si estuviera solo o en presencia de sus padres. Incurre en actos de vandalismo, se droga, participa en actividades peligrosas como "arrancones" y practica deportes radicales.

Ese cambio de conducta forma parte de la *embriaguez relacional*, que no tiene que ver con el abuso del alcohol, sino con el desequilibrio de su sistema psicológico por la presencia de otras personas como él.

Si la personalidad fuera como la palma de la mano

y los dedos sus diferentes funciones,

un adulto podría saber cuándo usa sus dedos y cuándo

su palma, pero el joven lo confundiría todo:

la personalidad con sus funciones y viceversa.

Es como si el adolescente no tuviera formada la palma de la mano y un dedo ocupara su lugar. Entonces negaría la existencia de la palma y afirmaría la del dedo. Actúa como un camaleón que en cada situación diferente cambia no sólo de color, sino también de forma. Por lo tanto, en ese caso no podemos hablar de mimetismo, sino de embriaguez relacional.

Estos conceptos son fundamentales en el proceso de la educación global. Muchos padres, por ejemplo, nunca han oído hablar de esta embriaguez relacional. Cuando la escuela los manda llamar para hablar sobre la indisciplina de su hijo es muy común que no crean en lo que el director les dice y hasta lo acusan de difamar a su hijo. "Él nunca ha hecho eso, ¿cómo podría hacerlo en la escuela?" Eso se llama ingenuidad. Así, escudados por la ingenuidad de sus padres, el comportamiento de los adolescentes en la escuela empeora aún más.

Capítulo 7

La violación mental

La violación es un "delito que consiste en obligar a un individuo, de cualquier edad o condición, al ayuntamiento carnal, mediante la violencia o una grave amenaza; coito forzado; violación" (Diccionario Aurélio Siglo XXI).

El sentido de la palabra violación, que uso en este capítulo, no se refiere al delito, sino a la violencia que se ejerce en la educación cuando se forza a alguien a asimilar un tema o información para el que no se está preparado. Podemos ver un ejemplo clásico de la prudencia en este sentido en el cuento de "La historia del gato que se subió al tejado". No le podemos decir a nuestra abuelita, de repente, que su querido gato murió. Primero le decimos: "El gato se subió al tejado", para que ella se prepare para recibir la noticia de que su querido gatito murió. Si le decimos de repente: "El gato se murió", corremos el riesgo de que ella se muera también y se vaya a acompañar a su querido gato.

Violadores mentales

Los violadores mentales son los profesores que apenas ponen los pies en el salón se lanzan a dar la clase, sólo porque el horario indica que ésta debe empezar y la mayoría de los alumnos ya está ahí. Al actuar de esa forma, se parecen a un violador que ataca a sus víctimas, obligándolas a mantener relaciones con él sin estar preparadas. Él sí se prepara, pero toma de sorpresa a su víctima.

Claro está que los alumnos van a la escuela a tener clases y no se sentirán muy sorprendidos; la violación de la que hablo ocurre por la "falta de preparación", es decir, se debe al hecho de que la mente no está debidamente preparada para la clase, pues requiere de cierto "calentamiento". Los alumnos oyen ¿pero en verdad escuchan, prestan atención al contenido de la clase?

Hay profesores exigentes que no son violadores mentales. Los alumnos aceptan sus reglas, procuran llegar a tiempo a sus clases, y lo esperan sentados en el salón. Ese profesor no es enojón ni malhumorado ni tampoco grita: es firme y exigente, quiere que los alumnos aprendan, corrige los exámenes con cuidado y está atento para percibir cuándo las respuestas de los alumnos se parecen, lo que indica que copiaron. Los alumnos aprecian y respetan a estos profesores, los que, con frecuencia, son envidiados por sus colegas, que ni siquiera logran que sus alumnos asistan a las clases. Los alumnos maduran y aprenden con profesores así.

El violador mental, en cambio, entra al salón explayándose sobre el tema y durante toda la clase, lanzando un chorro de conocimientos sin detenerse. No le importa si la información llega a los principales interesados: los alumnos. El profesor está encantado por su mismo despliegue de saber y el aprendizaje pasa a un segundo plano. En realidad, la clase no le importa. El violador mental ni siquiera valora el estado de los alumnos. Hay algunos inquietos, agitados, porque estuvieron corriendo en el recreo; otros cansados, porque vienen de una clase difícil; hay otros que están aburridos, porque no les interesa nada; otros, ansiosos porque después de la clase van a jugar un partido, y también están los que acaban de estar con sus novios y por lo mismo tienen las hormonas a flor de piel. Y el profesor no percibe nada de esto.

Es necesario que las mentes reciban algún tipo de calentamiento para que estén en condiciones de "degustar" la clase. El violador mental, casi siempre metódico, tiene rituales para todo e independientemente de lo que pase, repite su conducta de siempre y hace lo que está acostumbrado a hacer.

Lo curioso es que, dentro de la diversidad de alumnos que hay en una clase, hay algunos que logran aprender de todas maneras, porque están interesados en aprender sin importar quién les enseñe. Pero la gran mayoría se desconecta de la clase, no interactúa con ese tipo de profesor: su rendimiento es muy bajo, porque fue "forzado".

Los niños se someten a ese tipo de violencia,

los púberes se oponen a ella

y los jóvenes se rebelan ante ese tipo de poder.

El profesor-violador nunca cuestiona su eficiencia. Está muy organizado internamente y tiene tendencia a ser autosuficiente, por lo cual siempre cree que los que están equivocados son los demás. Si los alumnos no aprenden "es su problema, porque no supieron aprovechar las clases".

El profesor llega, se satisface y se va. Si la escuela no era muy buena, ese tipo de profesor la empeora aún más.

¿Quién se acuerda de la clase pasada?

Un educador no viola a sus alumnos, los estimula a aprender. Para modificar ese comportamiento es necesario que el profesor que se comporta así sea identificado y que él admita que tiene esa actitud. Esto es necesario, pues sólo él mismo puede reconocer que es un violador y cambiar su comportamiento, ya que son las personas que tienen un problema las que deben encontrar una manera de resolverlo.

Una de mis sugerencias es que el profesor, en vez de llegar y dar su clase de inmediato, empiece con la siguiente pregunta: "¿Quién se acuerda de lo que vimos la clase pasada? El que nos hable sobre la clase pasada ¡se puede ganar un punto!"

Lo más común es que el profesor perciba al principio una cierta confusión en el rostro de sus alumnos. "¿Clase? ¿Qué clase? ¿Cuándo? ¿Dónde?" Sin embargo, al oír esa pregunta automáticamente el cerebro de los alumnos recuerda la clase anterior o al menos parte de ella o de alguna cosa que sucedió durante la clase.

Apenas un alumno se acuerda de algo, sus palabras dichas en voz alta activan la memoria de otros, que empiezan a recordar a su vez. Después de las intervenciones de cinco alumnos distintos, todos se acuerdan de la clase anterior, y así, la mente de todos está preparada para recibir lo que el profesor les ha preparado.

Un buen aperitivo para que el profesor empiece

la clase es preguntar:

"¿Quién se acuerda de la última clase?"

De esa manera se establece un puente entre

las dos clases.

El cerebro se acostumbra a tender un puente entre una y otra clase. Y si se tuviera el hábito de empezar todas las clases de esa forma se quedarían grabadas en una secuencia como si hubieran estado todas unidas entre sí. Por eso, todos los alumnos que respondan deben recibir puntos extra.

Enseñar es un acto progresivo de amor y de generosidad. Amor es compartir lo que se sabe con quien no sabe, brindar así nuestros conocimientos a los demás. Para amar hay que ser generoso, aceptar, entregarse. Cuando le damos un punto a un alumno que lo merece se materializa el amor en la relación profesor-alumno. Tal vez usted, profesor, se extrañe de que un alumno tenga muchos puntos al final del semestre, "chorrocientos" puntos. Será suficiente que aplique un porcentaje relativo a esos puntos a la hora de calificar los exámenes. (Aunque, en realidad, el profesor podría ver que ese alumno tiene tantos puntos porque se acordó siempre de las clases y por eso, teóricamente, podría incluso exentar.)

El profesor puede ir más lejos. Puede aprovechar la participación de los alumnos y preguntar: "¿Quién identificó, aplicó o vio a alguien aplicar lo que vimos en la clase pasada?"

El estudiante que responda obtiene cinco puntos. Tendrá que contar cómo aplicó lo que aprendió, porque con su relato estará enseñando al profesor a asociar su disciplina escolar con la cotidianidad de los jóvenes. (Hay profesores cuyas materias se transmiten de manera tan desarticulada y distante de la vida de los jóvenes, que es de admirar que el alumno llegue a aprender algo.)

El profesor ganará mucho cuando consiga hacer lo mismo: relacionar la materia que imparte con su vida práctica. ¡Y los alumnos también! Muchos jóvenes tienen conocimientos, pero no son sabios porque no los ponen en práctica. El talento por sí mismo no es suficiente, y tampoco los conocimientos interiorizados, que son como perlas encerradas en ostras. Es necesario saber comunicarlos, ponerlos en práctica para sacar el mejor provecho de la vida.

Expresar y transmitir

Cuando el profesor pregunta a sus alumnos sobre la clase anterior y sobre su aplicación práctica, y los escucha, muestra humildad, así como las ventajas de continuar siempre con el aprendizaje. Si aun el profesor está dispuesto a aprender ¿por qué no lo haré yo, alumno? Se trata del proceso de enseñar aprendiendo, el tema fundamental del presente libro.

Al hablar y enseñar, el alumno ejerce la comunicación y aumenta la capacidad de comunicar sus ideas. (Muchos alumnos tienen buenas ideas pero no disponen de un vocabulario amplio, por lo que no logran expresarse y mucho menos comunicarse.)

Expresar es simplemente exteriorizar nuestras ideas, mientras que transmitir es lograr comunicarse para hacerse entender por alguien. Hay profesores que, a pesar de serlo, sólo consiguen expresarse, es decir, hablan solos, sin oyentes, pues sus alumnos no les prestan atención. Es necesario que los profesores constaten que los alumnos en realidad hayan entendido lo que ellos expresaron. Éste es uno de los mejores caminos para que una relación sea interactiva.

Una de las causas principales por las que el alumno reprueba es que éste no entiende la materia de un profesor que nada más "expresa". La mayoría de los alumnos que no entienden buscan profesores particulares para que les repitan lo que el profesor expresó en la clase.

Lo que hacen las clases particulares es mostrar la reducida competencia del profesor, pues su rendimiento baja si no logra hacerse entender. Y también baja la capacidad del alumno, si tiene que gastar el doble de recursos para conseguir el mismo resultado. De igual forma, los padres y el Estado gastan, si el alumno repite el año, cambia de curso o abandona la escuela.

> Lo bueno de hacer preguntas al inicio de la clase es que así el profesor cumple el papel de maestro: fortalece el proceso de transformación de la información en conocimiento.

La tendencia natural es repetir sin pensar, que es cuando alguien hace tres o cuatro veces lo mismo. Imagínese lo que sucede con un profesor que repite su clase muchas veces, durante años. ¡Resista a esa tentación! Porque si no lo hace, terminará transmitiendo automáticamente la información, de memoria: es decir, transmitirá un conocimiento perecedero y desechable.

Capítulo 8

"Aprender de memoria": la indigestión del aprendizaje

El sistema de evaluación del aprendizaje de los alumnos

mediante pruebas o exámenes mensuales, bimestrales

o trimestrales conlleva por lo general el vicio del aprendizaje

de memoria, es decir, estudiar todo la víspera del examen.

Esto favorece la indisciplina y la postergación.

Y lo peor es que los exámenes no se relacionan

con la vida real.

Los exámenes escritos

El problema del sistema educativo básico es que solamente sirve para aprobar la materia; y es igualmente anticuado en la manera de supervisar la adquisición del conocimiento, es decir, de verificar si el alumno aprendió. La escuela que evalúa al alumno básicamente por sus calificaciones en los exámenes mensuales, bimestrales o trimestrales es injusta, porque dichos exámenes dan una idea incompleta del desempeño de los estudiantes.

En ocasiones, las calificaciones más altas son de alguien que copió en el examen y no de quien más aprendió. Éste es un asunto ético del alumno: podría tener una buena calificación, pero no tener ética.

También puede ser una cuestión de suerte si, entre muchos temas, el único que el alumno estudió resultó ser el que viene en la prueba. Así, este alumno conoce muy bien ese tema, pero desconoce el resto de la materia.

Sin embargo, lo más grave es cuando el alumno no presenta inteligencia lógico-matemática y además no es bueno en lingüística, criterios en los que se basan la mayoría de los exámenes escolares. El alumno será reprobado, no porque no sepa, sino porque tiene dificultades para realizar el examen.

El problema es que el alumno, aunque sepa la materia, podría ser reprobado. Lo que los exámenes evalúan son muestras de los conocimientos; por lo tanto, la selección de éstos depende del azar.

149

> No sólo la educación sino también el sistema de evaluación del alumno se han rezagado respecto a la evolución de la humanidad.

Si en realidad quisiéramos medir el conocimiento del alumno, es decir, cuánto fue lo que aprendió, tendríamos que realizar evaluaciones detalladas y amplias. Y no nos daría tiempo de cumplir con la totalidad de los extensos programas.

Cuando se realizan pruebas mensuales escritas, el alumno se las arregla para pasarlas, pues estudian nada más la víspera del examen.

Entre los alumnos existe, incluso en las épocas de exámenes, una dinámica bastante especial. El buen alumno es asediado y cercado por los compañeros que quieren copiarle en el examen. Después de ese momento, ese alumno es "olvidado" y con frecuencia se vuelve blanco de burlas y hasta de agresiones, lo acusan de ser *"nerd"*, etcétera. Algunos alumnos inseguros llegan al absurdo de esforzarse para no sacar buenas calificaciones con tal de no ser vistos como *"nerds"*, pues la palabra tiene una connotación bastante peyorativa.

El *"nerd"* es diferente del "genio". El *"nerd"* estudia mucho y casi no participa en otras actividades. En cambio, los "genios", aun sin estudiar, salen bien en los exámenes. Por su parte, los "vagos" no hacen nada, no estudian y fingen que no les importan las calificaciones.

Bill Gates dijo a los alumnos de una escuela donde fue a dar una conferencia: "Pórtense bien con los *"nerds"* y los "matados". Es muy probable que algún día tengan que trabajar para ellos".

Si aprender es similar a comer, estudiar sólo para pasar los exámenes mensuales es como ayunar durante todo el mes y engullir en un día el alimento de todo ese tiempo. Si eso fuera posible, ¿qué le pasaría al organismo de ese comensal?

Quien comiera de esa forma sufriría una severa congestión gástrica. Tendría que quedarse con la espalda derecha y el esófago estirado sin moverse, para evitar reflujos. Después, probablemente, tendría diarrea. Los alimentos no serían digeridos y pasarían por su organismo intactos, sin dejarle nada. El cuerpo, que no sacaría ningún provecho de ellos, habría trabajado inútilmente.

De la misma manera, el alumno que prácticamente "engulle" un libro antes del examen no puede moverse mucho para que la información no se mueva de su lugar. Memorizó: se tragó frases y párrafos enteros de la materia y cuando no se acuerda del principio de la frase o del párrafo, no se acuerda de nada de lo que sigue. Por lo tanto, necesita "presionar el botón de inicio" para tener acceso al resto.

> La gran diferencia entre lo que se memoriza y lo que se aprende es que el alumno, al final del curso, usa los conocimientos como quiere y tiene la posibilidad de crear y superar incluso lo que el profesor le enseñó.

151

Si una madre preocupada por el examen de su hijo decide ayudarlo a repasar la lección, es decir, le hace las preguntas exactas que vienen en el libro, él puede responder todo perfectamente. Sobre todo, porque su madre repite las preguntas tal como están en el libro. Y los dos se quedan felices. Pero a la hora del examen el hijo saca cero. Y todo porque su mamá le ayudó a repasar la lección, ya que lo que él había guardado provisionalmente para usarlo en el examen fue usado, como si alguien le hubiera extraído esa información con unas pinzas. En otras palabras, gastó esa información y se quedó sin ella.

Si la madre quiere realmente ayudar a su hijo debe hacer las mismas preguntas, pero él tiene que responder con sus propias palabras y no repetir el texto nada más. *Al usar su cerebro para expresarse con sus propias palabras* el alumno acaba por reacomodar dentro de sí la información, reorganizándola para responder. Al usar la información, ésta se convierte en conocimiento. Quien logre hacer esto estará mejor preparado para los exámenes.

> Lo que se aprende de memoria se vuelve un producto desechable y perecedero. Una vez usado, se descarta. Su periodo de validez es breve. Y si no se usa rápidamente, se elimina.

Todo lo que hace un alumno al memorizar es engullir la materia. No tuvo tiempo de analizar, asimilar y reintegrar la información. La engulló y la reintegró intacta. En eso consiste la memorización: es la indigestión del aprendizaje.

De la misma forma en que el que memoriza aprovecha poco ese alimento "concentrado", después de tanto tiempo de ayunar, el alumno que estudia todo en el último momento no puede aprovechar lo que memorizó. Tiene una falsa idea de lo que es el aprendizaje, aunque llegue a obtener buenas calificaciones. Pero eso no quiere decir que haya aprendido.

Ese alumno sabe que no sabe. Está consciente de que memorizó o copió, pero presume de un conocimiento que no tiene, porque el sistema escolar valora solamente las calificaciones recibidas. En ese contexto, la relación profesor-alumno cuenta muy poco. Padres y profesores se quedan impotentes ante un adolescente que saca buenas calificaciones. En apariencia está cumpliendo con su obligación.

La manera más fácil de acabar con la memorización es disminuir el valor de los exámenes y aumentar el valor de la participación diaria de los alumnos, además de revisar a conciencia los trabajos de investigación que se hayan realizado fuera de clases y las presentaciones de algún tema a sus compañeros en clase.

> La memorización se relaciona con el estudio específico para el examen. Por eso, los alumnos quieren saber exactamente lo que va a venir en él. Su motivación no es saber, sino obtener una calificación y nada más.

Si el alumno necesita cinco puntos en su examen final, sólo estudia la mitad de las páginas del libro. ¿Para qué estudiarlo todo si necesita sólo la mitad de la calificación para pasar? En otras palabras: estudia nada más lo suficiente para aprobar. ¿Y los padres? Muchas veces refuerzan ese tipo de comportamiento con el comentarios: "No tienes que sacar 10. Basta con que pases de año."

Las inteligencias múltiples de Gardner

Como si no bastara con eso, las evaluaciones por medio de exámenes perjudican a alumnos que tienen habilidades para expresar su conocimiento en formas distintas. Algunos se expresan mejor por medio del arte, otros de la música o del deporte. Según la teoría de las inteligencias múltiples elaborada por Howard Gardner, educador y psicólogo de Harvard, en Estados Unidos, existen siete tipos de inteligencia:

1. *Intrapersonal o personal* (más conocida como inteligencia emocional, gracias a los libros de Daniel Goleman): capacidad de comprenderse a sí mismo, automotivación y autoconocimiento. Habilidad de manejar apropiadamente los propios sentimientos.

2. *Lógico-matemática*: propia de los científicos; es la capacidad de razonamiento lógico y de comprensión de modelos matemáticos.

3. *Lingüística*: se caracteriza por el dominio de la expresión verbal.

4. *Espacial*: es común en escultores y pilotos de avión, proporciona un sentido de movimiento, localización y dirección.

5. *Musical*: es propia de los compositores, dominan la expresión por medio de los sonidos.

6. *Corporal-cinestésica*: implica el dominio de los movimientos del cuerpo.

7. *Interpersonal*: capacidad de relacionarse con los demás, entender reacciones y generar empatía. Es esencial para el profesor.

El currículo normal y los exámenes privilegian el conocimiento lógico. Un excelente artista con dificultades en disciplinas "exactas" tal vez pase en todas las materias y "truene" en matemáticas. Y por eso, tiene que repetir el año y estudiar todo otra vez, tanto las materias que aprobó como aquella en la que fue reprobado.

[
La repetición escolar hace que todo se perjudique por una baja calificación, sin importar las altas calificaciones obtenidas.
]

La falta de reconocimiento de las diversas capacidades del alumno baja su ánimo para continuar con los estudios y le hace pensar en la posibilidad de abandonarlos.

Para complicar más aún las cosas, hay profesores que traumatizan tanto a los alumnos en la disciplina que enseñan, que algunos eligen su futura carrera más para huir de esa materia que por falta de aptitudes. Pésimos profesores de matemáticas segaron la carrera de futuros buenos ingenieros que optaron por otras especialidades por apartarse de esa materia.

Me acuerdo de algunos "horrores" cometidos por tales profesores. Los ejercicios de matemáticas casi siempre tenían un valor "de uno a diez", en una secuencia que indicaba un aumento progresivo de dificultad. En los exámenes los profesores acostumbran hacer preguntas cuya dificultad equivaldría a "veinte". Como podemos ver, sólo unos seres "iluminados" aprobarían. De esta forma, un profesor adquiere un poder muy grande sobre el alumno al usar un sistema de evaluación semejante.

RAZONAMIENTOS QUE INDUCEN AL ERROR

Algunos profesores abusan cuando en sus exámenes introducen preguntas tramposas, que implican razonamientos que conducen a falsas conclusiones.

Puesto que el arma con la que cuenta el profesor es el examen, tiene a su alcance artilugios nada nobles, desde una extrema rigidez al calificarlos hasta el aumento de la dificultad en niveles inusuales, que incluyen razonamientos que inducen al error.

En algunas conferencias que he dado sobre este tema, acostumbro hacer "una dinámica tramposa" a todos los presentes. Empiezo solicitándole al público (y se lo pido a usted, que me está leyendo) que repitan conmigo lo que está escrito en el parrafo siguiente, porque me gustaría hacer la dinámica también con los lectores. Pero antes, voy a explicar el procedimiento. Cubra toda la página para que no sepa lo que está escrito en la línea de abajo. Es decir, lea línea por línea y descubra el texto sólo a medida que avance.

—Ahora, diga en voz alta: BLANCO, BLANCO, BLANCO.
—Otra vez, repita en voz alta: BLANCO, BLANCO, BLANCO.
—Por tercera y última vez, diga en voz muy alta: BLANCO, BLANCO, BLANCO.
—Responda la siguiente pregunta rápidamente:
—"¿Qué bebe la vaca?"
—Usted respondió: "¿Leche?"
—¿Desde cuándo la vaca bebe leche?
—¡El que bebe leche es EL BECERRO!
—¡La vaca bebe AGUA!
—Pero si usted respondió: "¿AGUA?"
  Es porque ya se sabía el chiste…

Hagan esta misma pregunta a otras personas y prepárense para reír a carcajadas.

¿Qué sucedió en el cerebro de los que cayeron en la broma? El cerebro se acostumbra al color blanco, el color de la leche. El cerebro está acostumbrado a asociar a la vaca con la palabra "leche". Gracias a la broma, el cerebro automáticamente une las dos asociaciones y de ahí surge la respuesta equivocada.

Otra broma similar:

—Diga en voz alta: ¡TENEDOR, TENEDOR, TE-NEDOR!
—Repita: ¡TENEDOR, TENEDOR, TENE-DOR!
—Responda a la pregunta:
—¿Con qué come la sopa?
—Ahora piense en la respuesta que dio. ¿Con el tenedor? ¡Sólo cuando es espagueti!...

MEMORIZAR LA INFORMACIÓN

Cada persona tiene una facilidad especial para retener datos. Algunas se fijan en las palabras, otras retienen el movimiento y son capaces de repetirlo, idéntico, después.

La dificultad, tan común, de acordarnos de los nombres de las personas puede significar falta de familiaridad o desinterés. Una persona nos puede caer bien, pero si pasamos un tiempo sin verla podemos olvidar su nombre, aunque recordemos su fisonomía. La mejor manera de

no olvidar el nombre de nuestro interlocutor es repetirlo varias veces durante la conversación, o asociarlo a otras
personas con el mismo nombre. Cada persona tiene que
observar qué método de memorización le funciona mejor
para utilizarlo cuando lo necesite.

A veces, razones psicológicas y emocionales pueden
simplificar o no la incorporación del conocimiento. El
alumno retiene la información y la transforma en conocimiento porque:

- *Le gusta*: tiene una relación afectiva con el profe-
  sor o con la materia.
- *Es folclórico*: le recuerda una broma, una canción,
  un ritmo o un movimiento.
- *Es raro*: implica algo muy diferente.
- *Es chistoso*: el humor favorece que algo se com-
  prenda, pues relaja la tensión mental.
- *Es musical*: por su sonoridad; basta con oír algo
  una vez para registrar la sonoridad del tema.
- *Es matemático*: no hay nada más agradable que transformar un tema en números para comprenderlo.
- *Es colorido*: el tema llama la atención por su color
  o su belleza.
- *Lo odia*: el extremo opuesto del gusto también
  puede resultar eficaz.
- *Lo repite*: insistir en algo ayuda a retener el conocimiento.
- *Hace analogías*: las historias, parábolas y cuentos
  con moraleja ayudan a la comprensión y, por consiguiente, al aprendizaje.

Cuando el profesor percibe que sus alumnos manifiestan un placer estético hacia el aprendizaje, puede usar diversos condimentos para el mismo plato. Como siempre hay diferentes gustos, siempre habrá algún alumno que aprenda. Vemos así, pues, qué importante es para el profesor conocer el concepto de las inteligencias múltiples de Gardner.

Capítulo 9

La indisciplina en la escuela y en el salón de clases

Llegar tarde a las clases,

platicar durante éstas,

copiar en los exámenes,

decir mentiras,

incumplir las reglas,

faltar al respeto a los profesores,

cometer abusos, acoso, robos, vandalismo, pleitos,

y muchas otras formas de indisciplina…

¿Qué medidas se pueden tomar ante ellas?

Es el gran desafío de los educadores aplicar

las consecuencias de una educación progresiva.

La escuela: más que la familia, menos que la sociedad

La falta de educación del adolescente se hace más evidente en la escuela, pues en ella hay más reglas que obedecer y más responsabilidades que cumplir. En casa, lo que un hijo deja de hacer puede ser realizado por el resto de la familia; pero si un alumno, en la escuela, no cumple con su obligación, nadie lo hará por él.

Ciertamente, es difícil que un hijo, fuera de casa, haga lo que no hace dentro de ella. Esto quiere decir que un hijo que respete a sus padres podrá respetar más fácilmente a sus profesores y no tendrá problemas para cumplir sus tareas en la escuela.

Si nunca sintió gratitud por sus padres, el hijo tampoco se sentirá agradecido con sus profesores por haber aprendido algo. Pensará: "Enseñar es simplemente su obligación."

Podemos ver, así, que es en el salón de clases, en la relación con los profesores, donde surge la indisciplina que la familia siempre toleró y dejó sin resolver.

Una de las funciones de la escuela es ésa exactamente: servir como un espacio de transición entre la familia y la sociedad al enfrentarse a la indisciplina. Es un ambiente en el cual las reglas y las exigencias son más severas que en la familia, pero menos que en la sociedad. Por consiguiente, la escuela no debería dejar impune lo que la sociedad no perdonará.

La familia es tolerante,

pero la escuela no puede pasar por alto

la indisciplina que la sociedad castigará.

Todos los alumnos tienen que pasar por una situación específica varias veces en un solo día: la entrada al salón de clases. En ese momento particular existe el compromiso de que el alumno ya esté en el salón de clases cuando el profesor llegue. Llegar después de él es llegar con retraso, no cumplir lo acordado, una transgresión.

En una familia, por otro lado, el retraso por lo general se enfrenta de alguna manera. Cuando el joven llega con retraso, todos se manifiestan libremente con diversos tipos de reacciones que van desde la indiferencia hasta la agresión. Pero no pasa nada grave. La familia, incluso, se pone de acuerdo para aplicar estrategias, como simular un horario falso, para salir a tiempo.

¿Pero qué pasa cuando una persona llega después de que el avión ya despegó? Ni los otros pasajeros ni la tripulación reaccionan; simplemente, el avión despega a la hora señalada. ¿No lo abordó? Perdió el vuelo. Es obligatorio llegar dos o tres horas antes. He viajado en aviones que despegaron unos minutos antes del tiempo fijado, después de la llamada por el altavoz, avisando: "Ésta es la última llamada del vuelo 14 de la Compañía Aérea X para el aeropuerto de Y". ¿No pagó a tiempo alguna deuda? ¡Tendrá que pagar más intereses! La sociedad, simplemente, castiga al que se atrasa en los pagos o muestra diversos tipos de pérdidas de compromiso.

La escuela es un espacio intermedio entre la tolerancia y la intolerancia a los retrasos. Pero como es una institución de enseñanza, trata de enseñar al alumno a no atrasarse, a cumplir con sus compromisos, cuando esas fallas no pudieron ser resueltas por el sistema educativo familiar.

La intolerancia ante los retrasos de los alumnos

Un profesor puede establecer un límite de tolerancia de quince minutos; otro de cinco nada más; y otro más, incluso, puede ser completamente intolerante hacia el retraso. El profesor es el único responsable del criterio de tolerancia o intolerancia ante los retrasos.

La mayoría de las reacciones de protesta de los alumnos en la clase están dirigidas al profesor, y en ocasiones se llegan a transformar en problemas personales.

Sin embargo, si la regla escolar establece una tolerancia de, por ejemplo, cinco minutos después del principio de la clase, el profesor no necesita establecer un límite distinto. La regla establecida por la escuela se cumple y así se evitan disparidades entre un profesor y otro. Después de cinco minutos, se pone falta al alumno y ya. La escuela establece la regla. El profesor y los alumnos también deben cumplir las reglas sin excepciones.

> Si cada profesor tiene que tomar medidas especiales porque llegó a su máximo nivel de tolerancia, es porque la escuela no ha establecido reglas mínimas para proteger la integridad de sus empleados.

Conviene recordar que los cerebros de cuarenta alumnos pueden unirse contra el del profesor y hacerlo caer en alguna artimaña. Siempre hay un alumno que se empeña en romper las reglas sin ser descubierto por el profesor. Uno de los métodos más comunes es llegar a la clase siempre en el límite de la tolerancia: el alumno llega siempre con cinco minutos de retraso. Una buena medida que el profesor podría aplicar es impedir que el alumno haga de las excepciones una nueva regla. Las excepciones se aplican en situaciones especiales y no de manera rutinaria.

Los retrasos pueden ser un problema escolar

y no resultado de la indisciplina en el salón de clases.

Para que la escuela no permita que la indisciplina quede impune y sin consecuencias es importante una buena organización —y contar con la participación, por supuesto, de todo el cuerpo docente y los empleados— para que entre todos enfrenten el gran desafío educativo que es encontrar una *consecuencia educativa progresiva* para los alumnos.

La consecuencia educativa progresiva

Este concepto es el equivalente escolar del principio educativo familiar: "Coherencia, constancia y consecuencia", que he expuesto en mis obras *Adolescentes: Quien ama educa* y *El ejecutivo y su familia: el éxito de los padres no garantiza la felicidad de los hijos.*

Hay un terreno educativo que pertenece tanto a la escuela como a la familia. Se trata del área del comportamiento relacional con otras personas, y el respeto a la conservación de la escuela. Las transgresiones en esas áreas tendrán que ser resueltas por los padres y los educadores, sin tener que recurrir a la ley. La ley debería intervenir sólo en los casos que vayan más allá del poder de la escuela. Pero incluso si se llegara a recurrir a la ley, lo importante es que primero se intente trabajar, con la colaboración de los padres, en la indisciplina escolar que puede, tal vez, llegar a transformarse en delincuencia social. Este trabajo realizado entre los padres y la escuela para la educación de una persona —niño o adolescente— es abordado al final de este libro, en el capítulo llamado "Educación a seis manos".

No es bueno para nadie que un alumno llegue tarde a las clases. Genera distracciones, ya sea grandes o pequeñas, pero innecesarias. Sin importar el motivo los alumnos no deben llegar retrasados a la clase. Es una norma, un patrón de conocimiento civilizado. Así pues, llegar tarde es una transgresión.

Hace tiempo, existía la norma de apuntar los retrasos y, cuando se acumulaban tres, se suspendía al alumno una clase. Si el alumno llega retrasado es porque no le interesa la clase y estará feliz de verse librado de ella, aunque sea porque esté suspendido: para él será un premio. Esto podría hacerlo reflexionar y arrepentirse, pero sólo si le gusta asistir a la clase.

> Si el aprendizaje del alumno es lo que más le interesa al profesor, el castigo —la suspensión de la clase— no sería adecuada, pues sería muy parecida a las medidas que se toman en un contexto social. En la escuela, el retraso debe dar pie a medidas educativas que lo ayuden en su formación profesional.

Si el profesor le pidiera al alumno que llegó tarde que, después de la clase, le pida a un compañero que le explique lo que no alcanzó a oír (porque en la clase siguiente se preguntará sobre ello, y podría obtener un punto si lo sabe), la situación cambia. Si el compañero que explica obtiene también un punto, ninguno de los dos se quedará paralizado en la transgresión. Es como ver una película de la cual nos perdimos el principio, el cual veremos en la próxima función. Es un acto progresivo, no retrógrado, como la simple suspensión del alumno. Y es educativo porque favorece que el alumno continúe su formación.

Fomenta la conciencia de las consecuencias de sus actos, pues el alumno tiene que realizar un esfuerzo personal para compensar la parte de la clase perdida.

En ocasiones, cuando doy una conferencia, algunos profesores me preguntan: "¿Pero no premiamos así al transgresor si le damos un punto?" Creo que no. Cada alumno es único en su personalidad y aspiraciones. Si prestar atención a lo individual no perjudica lo colectivo, no hay por qué no hacerlo, sobre todo si esa medida puede beneficiar también a otros alumnos.

En la clase siguiente, el profesor, después de preguntar "¿Quién se acuerda de la clase pasada?" pregunta específicamente al alumno que llegó tarde la clase anterior qué fue lo que le explicó su compañero. Con tal estrategia, ese alumno podría incluso interesarse en la clase, puesto que una de las principales causas por las que se pierde el interés es cuando no se entiende nada del tema; cuando esto sucede, el alumno no se preocupa por quedarse atrás, ni por dejar de ingerir ni de digerir la información.

¿La educación empieza en la casa?

La mayoría de los profesores dice al unísono que "la educación empieza en la casa". Y lo que se dice en sociedad es que "la educación empieza en la cuna". Pero esto no es verdad, pues en la escuela se ve hasta qué grado los niños y los adolescentes no tienen educación, aunque tengan "casa" y hayan tenido "cuna".

En mis libros *Quien ama educa*; *Adolescentes: Quien ama educa* y *Disciplina: límites adecuados* me extiendo bastante sobre la educación familiar.

Cuando los niños llegan tarde, se debe más a los adultos responsables de ellos que a ellos mismos; en cambio, el asunto es muy distinto en el caso de los adolescentes, quienes aunque sus padres los dejen en la puerta de la escuela, se entretienen con sus compañeros en el camino a los salones de clases.

Algunos padres quieren hacer responsable a la escuela por la educación de sus hijos, de manera abierta o implícita, sobre todo en los puntos en los cuales ellos mismos han perdido el control. Y lo que exigen de la escuela, disciplina y responsabilidad, son precisamente valores familiares.

> Los hijos son como barcos. Los padres son los astilleros y la escuela los prepara para la vida. El puerto, por bueno que sea, no se hizo para que el barco se quede anclado. Igualmente, el destino de los hijos es navegar los mares de la vida y no quedarse eternamente junto a sus padres (*Quien ama educa*).

Y no sirve de nada dar instrumentos a los hijos si no están capacitados para usarlos. Al contar con esa preparación, la escuela aplica *la disciplina y la responsabilidad* para lidiar con los comportamientos inadecuados que detecta. Esto no es una obligación de la escuela: sería suficiente con que les avisara a los padres sobre los problemas de inadecuación de su hijo, para que ellos tomaran las medidas necesarias y con eso cumpliría su responsabilidad. De esta manera, la escuela, aunque no tenga la obligación de transmitir valores que deberían inculcarse desde la cuna (por los propios padres), puede, sin embargo, ayudar en la medida de sus posibilidades.

Debemos recordar que existen padres "perezosos" y otros "ingenuos", que piensan que es culpa de la escuela que su hijo repruebe y usan argumentos como: "Si mi hijo va a la escuela, ésta es responsable de que no aprenda y no nosotros." Esos padres se olvidan de que aunque la escuela contribuya con lo que le toca para la educación de su hijo, si el alumno no cumple con su parte, saldrá reprobado. Además, un alumno empieza a reprobar desde el principio del año; si necesita sacar elevadas calificaciones en los exámenes es porque sacó calificaciones bajas durante todo el año.

En estos tiempos de internet, cada persona establece el modo, tiempo y forma en que adquiere información y conocimientos mediante los sitios electrónicos que visita. Pero también se divierte mucho con los juegos y concursos individuales o grupales, solos o en equipo, con conocidos o con extraños. Se relaciona mucho más con sus amigos o con extraños, aunque sea de manera virtual, en *blogs*, *videoblogs*, por *chat*, etcétera. Y todo esto sin horario para entrar y mucho menos para salir. El usuario hace lo que quiere, cuando quiere. Él mismo establece sus límites.

¿Y la escuela? La escuela tiene que competir con internet, porque en ocasiones sus usuarios se vuelven adictos a la red. En cambio, nadie ha oído hablar de alumnos adictos a las clases…

Incluso les pueden gustar un poco, pero lo que les encanta son las vacaciones y los días feriados. Es necesario que la escuela incorpore cada vez más a sus clases el internet como un complemento valioso.

Nunca he sabido de un alumno que se pelee con sus padres todos los días porque quiere ir a la escuela. Más bien, los padres discuten con sus hijos para que no estén tanto tiempo pegados a la computadora y hasta es necesario que les enseñen a administrar el tiempo que pasan frente a ella, y la mejor forma de usarla. ¿Y en cuanto a la escuela? Pues tienen que estar pendientes de las boletas, sobre todo cuando los hijos quieren esconder las malas calificaciones.

La boleta sigue siendo una de las mejores formas de estar pendientes de la formación que los padres quieren hacer descansar en la escuela. No es normal que un hijo saque malas calificaciones, sobre todo si tiene todas las condiciones necesarias para estudiar. Mediante la boleta, los padres pueden (y deben) darse cuenta desde las primeras pruebas de en qué momento un hijo está en riesgo de repetir el año.

Asimismo, gracias a la boleta, los padres se dan cuenta de hasta qué grado deben intervenir en la vida de sus hijos. Para llegar a la meta de ser aprobado es necesario atravesar antes varias metas previas —los exámenes mensuales o parciales. La escuela se encarga de parte del trabajo, pero no se le puede hacer responsable por la parte que la familia debe cumplir.

La educación podrá no venir desde la casa, pero la escuela no puede tolerar esa situación. En muchos casos, la indisciplina viene desde los padres. De ser así, la escuela tiene que tratar ese problema con orientación, exigencia, conferencias para ellos, y también aplicación de otros recursos, entre estos, consultas con profesionistas especializados, para ayudar a los padres a ser también educadores.

No basta con ser padres:

los padres tienen también que ser educadores,

para que su hijo sea un ciudadano ético y progresivo.

Causas de la indisciplina de los alumnos

Las causas de la indisciplina de los alumnos en las escuelas son innumerables. Debido a la importancia de este asunto, aunque no pertenece propiamente al tema del presente libro, las mencionaré nada más; las enlisto en el orden de las más leves a las más graves. Los primeros puntos son aquellos que la misma escuela puede ayudar a resolver y los últimos son los que requieren la intervención de especialistas:

• La indisciplina ¿una característica de la adolescencia?
• Pleitos, mordidas, robos y llantos infantiles.
• Síndrome del 5° año y Síndrome de 1° de secundaria.
• Reacciones agitadas ante estímulos normales.
• Indisciplina silenciosa.

- Distorsiones o fluctuaciones de la autoestima.
- Peleas entre compañeros.
- Acoso y ciberacoso, *bullying*.
- Violencia.
- Peleas con golpes.
- Vandalismo.
- Disturbios y vandalismo de quienes no son alumnos de la escuela.
- Uso de drogas: alcohol, cigarro, mariguana, inhalantes caseros.
- Trastornos individuales.
- Trastornos psiquiátricos.
- Trastornos neurológicos: hiperactividad y déficit de atención (TDAH); dislexia.
- Deficiencia mental.
- Trastornos de la personalidad.
- Trastornos neuróticos.

El "uniforme" que protege al profesor

Todos los profesores de una escuela deberían reunirse con los coordinadores y los directores para establecer entre todos un patrón para cada tipo de transgresión que los alumnos cometan. Así, podrían hacer una lista de las indisciplinas más comunes de los alumnos, evaluarlas y determinar qué consecuencias educativas progresivas deben ser aplicadas por los profesores. Este patrón será como un "uniforme" conductual que protegerá las ideas y la persona del profesor de las transgresiones y agresiones de los alumnos.

Para ponerse de acuerdo sobre ese "uniforme" todos los profesores tendrían que participar en su "confección". Aunque un profesor no esté de acuerdo con el uniforme elegido y aprobado por el grupo, tendrá que usarlo. Si se negara, daría a los alumnos un ejemplo de desobediencia, y ellos se sentirían autorizados para infringir también otras normas escolares.

Hay una gran diferencia entre el "uniforme", que representa la función escolar, y la persona del profesor. Si el alumno transgrede, agrede o lanza un objeto contra el profesor en el salón de clases, le da primero al uniforme, por lo tanto, a la escuela. Cuando el profesor tiene puesto "el uniforme", representa a la escuela. El profesor está protegido por el uniforme y también tiene que defender a la escuela de la que forma parte. Si defiende a la escuela, se protege a sí mismo.

El "uniforme" preserva a la escuela.

La ropa resguarda la función del profesor.

La piel protege su integridad física.

Si el profesor no usa su "uniforme" las transgresiones de los alumnos llegarán a su ropa. En ese caso, sería agredido durante el desempeño de su trabajo en el salón de clases, el cual debería ser respetado por todos, hasta por él mismo, pues su trabajo está bien definido y preestablecido desde antes de empezar la clase. Cuando el profesor se ve afectado en su persona, en sus convicciones personales o en sus sentimientos, es porque la agresión logró alcanzar su objetivo. Su reacción se vuelve personal. Esto es algo muy serio, pues la transgresión del alumno atravesó el "uniforme" escolar y la ropa hasta llegar a su piel.

Así como hay profesores de piel gruesa, a los que nada afecta, hay otros cuya sensibilidad queda expuesta, incluso con la protección del "uniforme". Es evidente que los profesores no pueden convertirse en robots con armaduras de hierro —como caballeros medievales— pues éstas les quitarían su libertad de expresión y su creatividad. Sin embargo, la escuela tampoco puede darles uniformes rotos y agujereados que no los protejan.

El uniforme conductual de los profesores genera

tranquilidad en los alumnos y confianza

en los padres.

EL USO DEL UNIFORME

La escuela que confeccionó su "uniforme" conductual tendrá también una organización propia, caracterizada por la participación organizada de todos los profesores. En el "uniforme" estará presente la contribución de cada profesor, por lo tanto, usarlo no le parecerá extraño.

En caso de que un alumno llegue con retraso a la clase, la reacción del profesor ya no se basará nada más en su propia tolerancia. El profesor ya no aplicaría sus criterios personales de evaluación sobre el retraso, sino que haría lo mismo que los demás profesores y cumpliría lo pactado entre todos.

Las personas civilizadas son disciplinadas.

Una de las primeras acciones sociales que realiza la mayoría de las personas es aprender a comportarse civilizadamente en el salón de clases. Esa educación debe ser impartida por la escuela, pues la ciudadanía familiar tiene un nivel de tolerancia mucho mayor que la escolar. Una persona no hace en sociedad lo que hace en casa. En el salón de clases empieza a practicarse la convivencia social; ahí se ejercita el principio que sostiene: "Lo que es bueno para uno, tiene que ser ético y progresivo para todos los demás". En otras palabras, ningún alumno se haría daño a sí mismo a propósito.

Un profesor no debe sentirse agredido por el retraso del alumno, pero sí tiene que sentirse molesto, porque ese alumno no es ético ni progresivo. Los padres y la escuela le dan condiciones para que no se atrase. No es ético que él no cumpla con la parte que le corresponde. El que permite la falta de ética de otro es también poco ético.

El uso del "uniforme" protege al profesor de esos problemas, su uso es ético y progresivo con su equipo.

177

Sin éste, no sólo se perjudica el profesor, sino también sus colegas, los padres, la sociedad; en suma, el país. Cuando un profesor usa este uniforme hace lo que harían los demás profesores y si hay algo que puede resultar eventualmente perjudicado por una mala conducta es la educación, las normas educativas y no ese profesor en particular. El uso del uniforme ayuda a que todos se organicen, se disciplinen y sean progresivos, factor esencial para la formación de la ciudadanía.

¿Educar o castigar?

La falta de respeto a la figura del profesor es una queja común de la mayoría de las escuelas, como he dicho varias veces. Al adolescente no le importa que el profesor llegue al salón de clases y se vea obligado a hacer malabarismos para llamar su atención. Nunca agradece las atenciones del profesor y, a veces, incluso, se levanta en medio de la clase y sale sin pedir permiso.

La escuela debería enseñar buenos modales a los que no los conocen y exigir, a los que sí los tienen, que los practiquen.

Uno de los orígenes de la indisciplina familiar es que los padres no exigen a sus hijos que hagan lo que ya saben que tienen que hacer. Cuando los padres toleran la indisciplina son incoherentes, pues aunque prohíben algo verbalmente lo permiten en los hechos. Si primero lo prohíben y luego lo permiten, son inconstantes. Si después de la falta no aplican ningún correctivo son inconsecuentes. Estas situaciones ilustran cómo se deja de aplicar el principio educativo familiar de *la coherencia, la constancia y la consecuencia*.

> Cuando los alumnos no hacen lo que tienen que hacer es necesario que se les exija que lo hagan para que esa conducta no se convierta en un hábito.

En la escuela, todas las acciones del profesor deben estar basadas en la consecuencia educativa progresiva. Ésa es la razón por la cual el "uniforme" del profesor entra en escena, porque lo que éste propone es que las acciones sean: *consecuentes*, es decir, que no se permita la impunidad; *coherentes*, porque rige la conducta de todos los profesores; *educativas*, porque exige que el alumno ya no haga en la escuela lo que no haría en la sociedad, y *progresivas*, porque el alumno mejora, los otros profesores se benefician y la educación mejora de manera integral.

El castigo no es el mejor método educativo, pues paraliza al alumno en el error; se aplica por alguien que usa más poder que autoridad y quien es castigado no lo aprovecha como aprendizaje. Dependiendo de cada persona, algunas pueden sentirse estimuladas para empeorar;

así, en lugar de aprender tratan de tener más cuidado para no ser descubiertas la próxima vez.

Hay muchos lugares donde se fomenta el robo, pues como consecuencia el empleado, el director, el político, el profesional liberal sencillamente es retirado de su cargo. Se trata de un castigo inconsecuente, pues el delincuente no tiene que regresar lo que se robó. Así, se genera la idea de que es bueno robar, porque además de que no hay que trabajar, se puede vivir tranquilamente del producto del robo, pues ya expió su delito al ser despedido.

> El castigo puede educar en los casos en que la educación falló.

Para estar seguros de que la educación ha fallado, es necesario evaluar también el desempeño del educador, pues es mucho más fácil acusar a otras personas que reconocer la propia responsabilidad. Muchos padres afirman que "hicieron todo por sus hijos" y que si éstos "acabaron mal" es porque no eran "buenos". Es necesario comprobar si en realidad ese *todo* al que los padres se refieren es realmente *todo* o es nada más *todo* lo que ellos sabían o creían que estaba a su alcance.

Por otro lado, existen muchas "enfermedades incurables" que antes mataban a las personas y que hoy se curan con antibióticos. Lo más correcto sería decir que "todavía no conocemos el tratamiento para esa enfermedad", porque, más adelante, los científicos pueden encontrar la cura. Lo mismo pasa con la educación. *El "todo", por lo tanto, es relativo.*

Si el joven, no obstante, no aprovechó los intentos de educarlo, tal vez haya llegado el momento en que deba experimentar la pérdida de sus privilegios como castigo. Claro está, la pérdida debe ser algo que el joven poseía antes. Si había hecho planes de viajar con sus amigos después de los exámenes, pero reprobó, la consecuencia sería que no fuera a ese viaje y se quedara para tomar clases particulares o estudiar. Si no tuviera nada planeado, el joven no sentiría su pérdida, por lo tanto, la consecuencia podría ser tal vez que trabajara o que hiciera cualquier otra cosa que, además de ser útil para su educación, representara un bien para la sociedad, para que se convierta en una persona progresiva.

No poder usar el teléfono celular, no poder usar el internet, no salir con sus amigos, todo esto es importante perderlo si el adolescente lo aprecia. Es necesario que se establezca un plazo de la duración y el tipo de pérdida para que el joven tenga algún aliciente para recuperar lo que perdió. Si no hubiera ninguna esperanza, significa que no tiene nada que perder. Y quien no tiene nada que perder lo arriesga todo. Si el joven estudia y vuelve a sacar buenas calificaciones recibe de nuevo lo que perdió. Si no vuelve a incurrir en una transgresión durante "x" tiempo (un plazo establecido), recupera algo de lo que se le retiró.

La educación puede ayudar ahí donde el castigo falla.

La educación puede aplicarse en los casos de personas que cometieron delitos. En lugar de irse a la cárcel, lo mejor sería que tuvieran la oportunidad de tomar conciencia de los problemas que causaron y tratar de repararlos; por ejemplo, en los delitos que causan quemaduras que pueden ocasionar la muerte de las víctimas, cualesquiera que éstas sean (mendigos, indígenas, etcétera), la condena de los delincuentes debería incluir trabajar diariamente en hospitales que atienden a personas quemadas, cuidando a las víctimas y aplicándoles curaciones. ¿Qué diferentes cosas aprenderían los delincuentes tras las rejas y al hacer servicios comunitarios que consistieran en cuidar personalmente las heridas que ocasionaron? Asumir las consecuencias de sus delitos hace que los delincuentes se relacionen con sus víctimas, cuyos dolores y sufrimientos pueden despertar en ellos el sentimiento de responsabilidad por sus actos. Así, se dan cuenta de las consecuencias de sus comportamientos delictivos.

Vale la pena repetirlo: cada escuela tiene que vencer el desafío de establecer en su propio contexto y ambiente las acciones que conforman el "uniforme" conductual de los profesores, que debe incluir consecuencias educativas progresivas. Las medidas adoptadas de acuerdo con ese "uniforme" deberían ser consideradas como leyes de la ciudadanía escolar. Todos los profesores deberían practicarlas, ya que, en el salón de clases, ellos representan a la escuela.

Educar a los hijos para la ciudadanía

El hijo que no arregla su cuarto puede ser el hijo que no cuida su escuela; tal vez se convierta en una persona que perjudique a la sociedad; puede llegar a ser un ciudadano que no tratará de preservar al planeta.

Puede ser que, en casa, un hijo tire basura al suelo, deje tirados sus tenis, su uniforme y sus cosas de la escuela, y que la madre o la empleada doméstica se encarguen de recoger todo eso.

Sabemos que los padres le enseñaron a ese hijo a arreglar su cuarto y a cuidarlo. Pero el hijo no lo hace, aun sabiendo que lo tiene que hacer. Y es así porque sus padres no le exigen que lo haga. Y ya quedó claro que dejará su cuarto desarreglado. Los padres perdieron su autoridad, pues se sometieron al *"no hago nada"* de su hijo. Por lo tanto, quien detenta la autoridad en esa casa es el hijo, aunque los padres sean los proveedores.

El error educativo consistió en que faltó aplicar el amor que exige. Los padres, por amor a sus hijos, tienen que exigirles que, por lo menos, hagan lo que saben hacer. Quien hace lo que sabe, aprende cómo hacerlo mejor. En cambio, el que sabe pero no hace nada, acaba por olvidar lo que sabe.

Si los hijos saben arreglar sus pertenencias y cuidarlas sabrán también no ensuciar la escuela ni la ciudad. Si un alumno tira papeles al suelo y demuestra una incoherencia interna entre lo que sabe y lo que hace.

La escuela no debe perder esa nueva oportunidad que la sociedad le ofrece a las personas para que aprendan a ser ciudadanos. La primera oportunidad fue la familia, ahora es el turno de la escuela.

Me acuerdo de una escuela pública de la periferia de un pueblo del interior de Brasil que estaba muy sucia. Los salones de clases estaban siempre sucios, llenos de la basura que los mismos alumnos tiraban. Nadie la cuidaba. Hasta que, un día, la profesora compró cinco pequeños botes de plástico y puso cada uno de ellos al final del pasillo entre las filas de los bancos del salón. Pidió a los alumnos que cada uno tomara del piso los papeles que le quedaran al alcance de las manos y los pusieran en los botes y después los pasaran a sus compañeros de adelante.

En poco tiempo, los botes estaban al principio de las filas de bancos y el salón de clases mucho más limpio. La operación tuvo éxito y los alumnos se pusieron muy contentos de estar en un lugar más limpio; su autoestima mejoró porque fueron capaces de llevar a cabo esa acción, lo cual aumentó su sentimiento de responsabilidad, ya

184

que a partir de entonces la limpieza dependía de ellos, practicantes de la ciudadanía escolar.

Quien empieza a arreglar el desorden de su propio cuarto empieza a sentirse incómodo con el desorden de la casa. Eso fue lo que pasó en la escuela, porque los alumnos lograron contagiar a sus compañeros y la limpieza se extendió a toda la escuela, y se volvió responsabilidad de todos, no solamente del personal de limpieza.

Me parece importante relatar esta historia porque habla de una medida que se puede aplicar con facilidad y muestra que las soluciones de problemas graves pueden ser sencillas. Todo depende de que alguien tome la iniciativa, ponga manos a la obra, se proponga algo, establezca un objetivo, y subdivida su realización en metas que deben ser cumplidas. Para llevar a cabo ese trabajo no se necesita *poder*, sino *autoridad* y *liderazgo* de la persona que asume la consecuencia educativa progresiva.

Pero no todo es miel sobre hojuelas: aunque muchos padres se sienten profundamente agradecidos con los profesores que lograron que sus hijos desarrollaran valores que ellos no pudieron inculcarles en casa, hay otros padres que, lejos de reconocer el reto de la construcción de un ciudadano, se lanzan contra la escuela.

En otra ciudad brasileña, una escuela le pidió a un alumno que recogiera los papeles que había tirado en el patio. El alumno armó un escándalo y dijo que no era pepenador y no recogió la basura que él mismo había tirado. Cuando llegó a su casa, contó a sus padres que había sido obligado y humillado en público, que nunca más regresaría a esa escuela. Los padres, de inmediato, fueron a reclamarle a la directora:

—Mi hijo nunca ha tenido que tomar una escoba en casa. Ustedes humillaron a mi hijo y demandaré a la escuela por eso.

La directora respondió con firmeza, sin intimidarse:

—Por lo mismo es importante que aprenda a ser responsable de sus actos. No es posible que ande por ahí tirando basura para que los demás la recojan. Les aconsejo que nos ayuden a hacer de su hijo un ciudadano digno, no un príncipe maleducado.

La conversación fue breve, pero muy esclarecedora: ese día, los padres fueron *educados* para *educar* a su hijo, para que éste pudiera convertirse en un ciudadano y no en un ser mimado que supone que puede hacer en el mundo lo que hace en su casa.

Para desarrollar la *ética relacional* y la ciudadanía del alumno, la escuela no puede someterse a los caprichos de éstos, pues perjudican a los demás y al ambiente que los rodea, ya que con esas actitudes todos resultan perjudicados.

Si la consecuencia fuera nada más resarcir un daño material y la escuela lo exigiera así al padre o incluso al mismo alumno, el dinero probablemente saldría del monedero de sus padres y no de su propio bolsillo, aunque se le descontara de su mesada. No aprendería nada. La escuela nada más contribuiría a resarcir los prejuicios materiales como lo haría la sociedad.

Pero la escuela debe aprovechar esta oportunidad de educar. Si solicitara ese cobro material a los padres, no sería educativa ni progresiva. ¿Qué aprendería el alumno si su vandalismo no le costara nada? Si la escuela solicita nada más la retribución financiera serían los padres y no el alumno los que pagarían. Cuando el hijo rompe el pupitre o pinta en la pared —es decir, transgrede—, ¿deben los padres pagar las consecuencias?

Es prácticamente imposible que alguien sea progresivo si no se hace responsable de sus propios actos y no cuida el ambiente en donde vive. Para ser educativa la escuela debe exigir al alumno que arregle él mismo lo que estropeó. Además del pago, tanto los padres como la escuela deberían hacer que el alumno arreglara el pupitre que rompió o pintara la pared donde pintó. Si no puede, que consiga a un carpintero o a un pintor que arregle o pinte y le pague por sus servicios.

Para ser educado, el alumno tiene que darse cuenta de ese trabajo, de lo que cuesta que el pupitre esté ahí o que la pared sea repintada. Ésta es una de las formas de ayudar a construir un ciudadano ético y progresivo.

Capítulo 10

Una educación a seis manos

La construcción del futuro ciudadano

depende básicamente del padre, de la madre

y de la escuela.

Es muy importante que haya coherencia,

constancia y consecuencia en casa,

y que en la escuela se practique la consecuencia

educativa progresiva.

Un hijo no debe poner a sus padres contra la escuela

ni justificarse en ésta al acusar a sus padres.

Los padres y la escuela deben integrarse

para llevar a cabo una educación a seis manos.

Cuando los padres no están de acuerdo

Apenas cumple los dos años, el niño ya tiene su uniforme y su mochila listos para ir a la escuela. Los jardines de niños y las guarderías, que antes se llamaban genéricamente "educación preescolar", fueron oficialmente denominados Educación Infantil en la modificación más reciente de la Ley de Directrices y Bases de la Educación, aprobada en Brasil en 1997.

Esto apunta hacia el reconocimiento de que los niños asisten cada vez más pronto a la escuela y de la fuerza que esa institución asume en la educación de las nuevas generaciones.

¿Necesitamos seguir con la reflexión sobre la escuela y sobre cómo debe desempeñar su función normativa? Lo fundamental es que el niño sea beneficiado. Para que esto suceda debe de haber una alianza entre la escuela y la familia, y no una obstrucción mutua.

El concepto de "educación a seis manos" hace alusión a una educación homogénea y equilibrada a cargo del padre, de la madre y de la escuela. ¿Por qué padre y madre y no simplemente padres? Porque hoy en día las diferencias entre los dos son tan grandes a veces, que no pueden ponerse de acuerdo para conducir una educación equilibrada en casa.

> En la educación doméstica, cuando el padre dice "vino", la madre dice "agua", y el hijo dice "y yo, ¿qué bebo?". La educación a seis manos es la unión de la escuela, el padre y la madre para la reeducación de ese "sediento".

Cuando los padres están separados cada uno defiende sus puntos de vista, que muchas veces son diametralmente opuestos. Los hijos perciben en la convivencia tales intransigencias y quieren ver sus deseos cumplidos a cualquier precio. No quieren soportar frustraciones ni aprender a controlar sus deseos y manipulan a sus padres en provecho propio. Los conflictos no resueltos de los padres perjudican fuertemente a los hijos y se reflejan en las escuelas, en los consultorios de los psicólogos o en los foros familiares. Dondequiera que el niño vaya, lleva su educación consigo —o su falta de ésta.

Para acabar de completar el cuadro, en la actualidad existen varios tipos de familias, pueden constar de hijos, hijastros, hijos postizos, padre, nueva mujer del padre, madre, nuevo marido de la madre, hermano, medios hermanos, hermanos postizos. Esas combinaciones pueden ser aún más complicadas cuando entran en juego los abuelos paternos, los abuelos maternos, tíos, cuñados, etcétera.

> La constelación familiar actualmente cuenta con hijos, hijastros e hijos postizos, producto de diferentes matrimonios tanto del padre como de la madre. La educación se ha vuelto mucho más compleja.

No es nada raro que el padre separado se niegue a pasar pensión a los hijos de su matrimonio anterior, aunque mantenga generosamente a los hijos de su actual compañera. Él se divorció y se "liberó". ¿Qué ética puede tener un padre que paga la pensión del hijo que se quedó con su ex mujer sólo si ella "lo amenaza con acusarlo ante un juez y mandarlo a la cárcel"? ¿Qué aprenderá, qué sentirá el hijo ante esto? ¿Este padre, al pagar la pensión de su hijo sólo porque se ve amenazado con ir a prisión, se dará cuenta del tipo de ética que le transmite? Cuando el alumno empieza a ir mal en la escuela, tal vez sea una manera de manifestar cómo le afecta la situación familiar. La escuela, en estas ocasiones, no debería quedarse callada sino tomar la iniciativa de convocar a los padres para que corrijan a su hijo antes de que se convierta en un delincuente.

La integración entre los padres y la escuela

Cuando se detectan dificultades en las relaciones del alumno, la escuela podría llamar a sus padres para hacer una reunión a seis manos, en la cual se podrían establecer los patrones de conducta para guiar la educación de ese niño. Es muy importante que exista coherencia —en el uso del lenguaje, así como en las acciones educativas— entre lo que los padres y la escuela hacen, en la educación de los niños y adolescentes, y sobre todo en los aspectos que puedan amenazar la formación de un ciudadano ético, feliz y bien capacitado que tomará las riendas del país que le dejemos. Si los padres afirman que quieren "A" para sus hijos, pero la escuela dice que prefiere "B", esas diferencias pueden enriquecer a alguien que quiere aprender —una persona progresiva—, pero también pueden fomentar el surgimiento de la delincuencia en una persona destructiva —una persona retrógrada.

Tenemos que recordar siempre que los padres y la escuela deberían ser socios, cada uno con principios educativos. Los padres, con los de coherencia, constancia y consecuencia, y la escuela, con la consecuencia educativa progresiva: se trata de principios muy próximos en esencia y complementarios en la construcción de la ciudadanía.

Una de las técnicas utilizadas por la persona retrógrada es poner a unos contra otros para su provecho (que es el de no hacer nada y no tener que cumplir con sus compromisos). Los padres y la escuela, si no se protegen mutuamente, acabarán peleando entre sí. Para la persona progresiva esa pelea es perjudicial. El retrógrado se beneficia de la discordia que crea entre las personas que lo rodean.

> La impunidad favorece la delincuencia. Los alumnos maleducados pueden tener padres educados, pero que no supieron educarlos.

Muchos de esos padres quisieron hacer lo correcto, pero se perdieron en el camino de la educación y recibirían con agrado la ayuda proveniente de la escuela. Por eso deben prestarle atención, estar atentos al diálogo. Reconocer los propios errores y buscar soluciones forma parte de la salud psíquica. Solamente los padres problemáticos o retrógrados se niegan a aceptar ayuda externa y suelen responsabilizar a la escuela por los errores en la educación de sus hijos.

Los padres, de tanto amar, querer complacer y consentir a sus hijos, no desarrollan en éstos los límites, la disciplina y la responsabilidad. Se trata de errores (de amor) de los padres que acaban por perjudicar a sus hijos. Por esa razón, muchas veces exageran en la falta o el exceso de libertad o de responsabilidad. Algunos, incluso, pueden soportar la mala educación de sus hijos, pero, cuando éstos van a la escuela los problemas surgen y se hace más fácil detectarlos, lo que hace inevitable tratar de resolverlos.

> La convivencia familiar dificulta la percepción de las pequeñas transformaciones cotidianas. Los problemas no surgen de repente: aumentan poco a poco hasta que son inocultables.

"¡MI PAPÁ TIENE UNA PISTOLA!"

A continuación presento una historia reveladora:

Faltaba poco para terminar la clase. La profesora que tenía alumnos de cinco años les pidió, como siempre, que cada uno tomara un cojín para sentarse en el suelo y relajarse antes de terminar la sesión. Después de ese ejercicio los niños salían más tranquilos del salón. Cada uno tomó su cojín y la profesora les dijo:

—¿Nos sentamos todos, por favor?

Un niño, de cinco años, contestó diciendo:

—¡No me voy a sentar!

—¿Por qué? —preguntó la profesora.

—¡Porque no quiero!

Sin saber las razones por las que había reaccionado así, la profesora trató de convencerlo para que se sentara. Pero cuanto más insistía, más se obstinaba el niño en seguir de pie. En medio de su juego de poder los sorprendió la chicharra de la escuela.

El incidente frustró mucho a la profesora que se quedó muy preocupada por lo que pasaría al día siguiente. Entonces hablé con ella para orientarla y le dije que tratara de explorar la situación, ver hasta qué grado era capaz de llegar la resistencia gratuita del niño y, después, a partir de ahí, encontrar una solución.

Al día siguiente, a la misma hora y en la misma situación, cuando la profesora les pidió a todos que se sentaran en sus cojines para relajarse, de nuevo el mismo alumno se enfrentó a ella:

—¡No me voy a sentar!

Ante la insistencia de la profesora para que se sentara, el niño dijo:

—¡Se lo voy a contar a mi papá!

El niño usaba a su padre para sostener su enfrentamiento gratuito. Como la profesora insistía, el niño le respondió:

—¡Y mi papá tiene una pistola!

Increíble: ¡un niño de cinco años ya usaba como argumento el arma de su papá! Eso significaba que la profesora ya no debía prolongar el enfrentamiento, pues era como si el niño le hubiera apuntado con una pistola. Para resolver esa situación, ella continuó:

—¡Quien se quiera quedar de pie, que se quede así! Pero quien quiera relajarse que venga para acá con su cojín y (enseñándoles una gran barra de chocolate) si lo hace, le daré un pedazo de este rico chocolate.

Inmediatamente, el niño dijo:

—¡Cambié de opinión, yo también quiero relajarme! —y fue a sentarse junto a los demás niños, todos comieron un pedazo de chocolate que la profesora les repartió.

La solución, sin embargo, fue sólo momentánea, pues el problema básico seguía ahí. Era el momento de llamar a sus padres para practicar la educación a seis manos: ¿acaso los padres sabían que este niño ya se escudaba en su padre para resolver sus problemas? ¿Sabían que su niño, por un motivo cualquiera, mencionaba el arma? ¿Sabían que estaba enterado de que su padre tenía una pistola?

Antes de usar verdaderamente el arma, una persona la usa mentalmente. Esta anécdota muestra una acción mental muy peligrosa, que puede conducir a la delincuencia o al crimen si no se aplica la prevención a tiempo. La escuela no puede hacer nada si hay un arma en casa, pero tiene la obligación de informar a los padres de la conducta de su hijo. Ningún educador puede llevar a cabo su misión de formar a un ciudadano que le apunta con una pistola.

[
Un ciudadano ético, competente y progresivo no usa una pistola para resolver sus problemas cotidianos.
]

LAS VISITAS DE LOS PADRES A LA ESCUELA

Una de las mayores quejas de las escuelas es que los padres casi no asisten a las reuniones y pláticas que se organizan para ellos. El comentario más común entre los organizadores es que los padres que más necesitan asistir —cuyos hijos son verdaderos delincuentes en potencia— son precisamente los que no van.

Sin embargo, hay otros padres que se interesan en participar incluso en las discusiones sobre el rumbo de la escuela y están dispuestos a cuestionar las alternativas, buscar soluciones mejores, pensar en los problemas y construir las soluciones en conjunto. Son los padres que respetan más a los profesores. Quieren participar en la pesca para que sea más abundante y rica.

Los padres que no se presentan prefieren que les lleven el pescado directamente a la mesa. Por timidez o por pereza rechazan las invitaciones para trabajar en conjunto con la escuela. Sólo les interesa recibir consejos fáciles, sugerencias, etcétera, pero no aprender a pescar.

Muchos de esos padres, sin embargo, ni siquiera están molestos con la escuela. Lo único que les importa es su hijo. Pero son ingenuos al no reconocer lo importante que es la escuela para el niño o ignorantes y agresivos si saben que el asunto es de importancia pero no hacen nada hasta que su hijo está en problemas.

En mayo de 1998, después de esperar en vano durante dos meses la disolución de una huelga de profesores, algunos padres empezaron a dar clases de manera voluntaria en una escuela pública de Río de Janeiro. Incluso si no fueran válidas para el currículo escolar, pero era muy importante para todos que los alumnos no se atrasaran demasiado en sus clases. Esta actitud fue de gran enseñanza para todos: padres, profesores y dirigentes.

> La escuela necesita informar a los padres sobre la importancia de su participación: uno de los principales estímulos para que los alumnos estudien es que sus padres muestren interés en sus estudios.

Tan importante resulta la participación de los padres en las reuniones escolares que todos los medios para convocarlos son válidos: recados en los cuadernos de los alumnos, cartas, llamadas telefónicas, correos electrónicos o mediante el viejo sistema de comunicación "de boca en boca". Cada escuela puede utilizar el medio que juzgue más eficiente.

Cuando los padres participan en las actividades escolares, el desempeño escolar de sus hijos mejora.

Les presento otra anécdota:

> En un barrio apartado de la periferia de una pequeña ciudad del interior de São Paulo, la escuela no pudo conseguir que los padres de sus alumnos asistieran a las reuniones con los profesores. La directora decidió levantar un mapa de los sitios donde vivían los alumnos y los profesores para que cada profesor recibiera en su casa a los padres de algunos alumnos que vivieran cerca, sin importar si sus hijos fueran sus alumnos o no. La directora afirmaba: "Si los padres no vienen a la escuela, la escuela va hasta los padres."

Y los padres iban más fácilmente a la casa de los profesores que a la escuela, por varios motivos:

• La casa del profesor o profesora les resultaba psicológicamente más próxima, porque era más parecida a su casa.

- Conversar con un solo profesor es menos atemorizante que "ser el blanco de todos los profesores".
- Una casa-habitación es más íntima, mientras que la escuela tiene cierta envergadura que asusta.
- Había pocos padres presentes en la reunión, lo que disminuye el riesgo de la exposición pública.
- Había un clima familiar para el intercambio de ideas, preocupaciones, etcétera.
- Había una relativa privacidad, por lo cual los padres no exponían en público su falta de alfabetización.

Después de algunas reuniones en casas de profesores los padres aceptaron asistir a la escuela donde sus hijos estudiaban.

Por otro lado, muchos padres trabajan y no pueden acudir a la escuela en el horario señalado para las reuniones. Ellos trabajan para sobrevivir y esta lucha acaba por ser más importante que los estudios de sus hijos. En esos casos, la escuela tiene que señalar horarios adecuados para que la mayoría de los padres pueda asistir a las reuniones; de lo contrario, el alumno podría tener problemas.

QUIEN PERTENECE A LA ESCUELA, LA DEFIENDE

El día de inicio de la primavera, el día de la madre o el del padre, son algunas de las celebraciones promovidas por la escuela con la participación de los padres, en las que también se realizan actividades deportivas o culturales donde sus hijos puedan participar activamente. Participar como invitado es muy diferente de ayudar a organizar el evento y colaborar en él. Los visitantes se comprometen poco, mientras los organizadores quieren que todo salga bien. Están felices cuando tienen éxito, y se entristecen cuando fracasan.

¿Qué significa esto? Al participar, los padres se sienten más ligados a la escuela, porque establecen una relación emocional con ella. Sufren cuando algo no sale bien, celebran sus victorias. Participan no sólo en la educación de sus propios hijos, sino también en la de los hijos de sus amigos.

> Sólo aquel que se siente perteneciente a un equipo lo defiende con uñas y dientes. Así sucede con los padres y los hijos que se sienten parte de una escuela: todos juntos forman un equipo afectuoso y eficiente.

Una de las grandes lecciones que los padres transmiten a los hijos con su participación es su interés en relacionarse con una comunidad y ayudarla. Los padres muestran, así, que también pueden ejercer sus derechos ante la escuela. Es un buen ejemplo del ejercicio de la ciudadanía.

Un hijo que solamente disfruta de su vida en el hogar y no contribuye para su sostenimiento es una carga para los padres. Y es peor cuando no aprende a preservar lo que le pertenece, su propia habitación. Si alguien no cuida de este lugar, tampoco cuida el resto de la casa donde vive y no desarrolla la ciudadanía familiar.

¿Qué puede esperar la sociedad de una persona que ni siquiera cuida el lugar en que vive? Esa familia cría a un ciudadano que sólo tendrá derechos y ninguna obligación.

Una familia que sólo exige a la escuela pero no la apoya en nada, está muy equivocada desde el punto de vista educativo, porque no desarrolla la ciudadanía escolar. Y no me refiero al pago de la mensualidad escolar, sino al cuidado de las relaciones, de la salud psicológica. El pago impersonal por un servicio prestado no basta para desarrollar la ciudadanía.

El pago de un trabajo es una obligación.

Su reconocimiento es una actitud ética,

sin importar quién sea el trabajador.

La participación de los padres en la escuela puede dar otro fruto. No hay nada que se compare a la unión de los padres y los hijos para realizar una tarea juntos, lo que constituye una especie de materialización del afecto. Cuando se vuelven socios para una tarea concreta perciben lo que integra una unión relacional puramente afectiva, algo que normalmente cuesta trabajo percibir.

La sociedad está formada por personas que se relacionan entre sí. Las relaciones más estrechas desarrollan vínculos afectivos, de atracción o de rechazo. Podemos tener ideas diferentes, tareas y beneficios distintos, estatus y cultura desiguales, apoyar equipos dispares, defender posiciones políticas antagónicas, pero todos somos seres humanos.

El grupo de los padres y el grupo de los amigos

Si el hijo tiene amigos en la escuela con los que acostumbra salir a fiestas y a viajes es importante que los padres de ese grupo de amigos se conozcan, lo que evita la manipulación de parte de los jóvenes. Cuando los jóvenes manipulan a sus padres casi nunca es para bien, sino para obtener alguna ventaja indebida. Cuando es para bien, no necesitan subterfugios y dicen rápidamente lo que quieren. Pasa lo mismo que con su boleta de calificaciones: si es buena, la enseñan espontáneamente. Pero si los padres tienen que pedirla, es mala señal...

Muchas veces, los hijos piden cosas que sus padres, sin pensarlo bien, les niegan. Pero si les dicen que los papás de sus amigos sí se las dieron a éstos, todo cambia. Por miedo de ser considerados como "chapados a la antigua" o "cuadrados" o "diferentes de los demás", los padres acaban por ceder.

Todos los jóvenes presionan a sus padres de la misma manera. Aunque lo que cuentan no sea cierto y ningún otro padre haya dado permiso, mienten al decir que "alguno" lo hizo. Hasta que un padre cede y cree la mentira. Entonces se convierte en un ejemplo para los demás. Si los padres se conocieran entre sí, ese artilugio caería por su propio peso, ¡sin duda!

> Si los padres de los jóvenes que forman parte de un grupo de amigos no se conocen ni se comunican entre sí, serán manipulados fácilmente por el grupo.

Lo que complica todo el asunto es la embriaguez relacional. Como está buscando su propia identidad el joven se vuelve fanático de algunas conductas y las hace parte de su personalidad. A ello se suma el deseo de querer andar con el grupo, cuyos valores pueden ser muy distintos de los sostenidos por la familia. Es como si, dentro de ese grupo, sus impulsos no sufrieran ninguna censura.

> La escuela tiene más posibilidades de detectar la embriaguez relacional. Y cuando ésta conduce a la delincuencia, al vandalismo, al uso de drogas, su deber es llamar a los padres, que son los verdaderos responsables de los adolescentes.

Los padres deben también ser amigos, porque los jóvenes pueden escoger reunirse en casa de uno de ellos para drogarse allí. Y, en el caso de que llegaran a encontrar drogas en el cuarto de su hijo, si los padres tuvieran alguna relación entre sí, la justificación de "no son mías, son de mi amigo", podría comprobarse o rebatirse de inmediato.

Es interesante subrayar que los jóvenes atraviesan por un periodo en que se sienten omnipotentes, el cual se puede agravar por la sensación de omnipotencia generada por el consumo de las drogas que los hacen sentirse invulnerables tanto a las drogas como a sus mismos padres.

> Si la escuela abre sus puertas para el disfrute de los padres de sus alumnos, favorece la formación del espíritu comunitario, precursor de la ciudadanía.

Otro beneficio de la convivencia entre los padres es la rotación para llevar y recoger a sus hijos de las fiestas en casas de los amigos, porque así saben con seguridad dónde están. No en el sentido de vigilancia, sino de cooperación humana recíproca.

Las escuelas bien podrían estimular esa convivencia al ofrecer sus espacios como las canchas deportivas, por ejemplo. Los padres pueden llegar a conocerse mejor si practican deportes juntos, con lo cual terminarían con la idea de las "malas compañías de su hijo" o tal vez la confirmarían. Lo curioso es que una persona desconocida, en ocasiones, puede parecer más peligrosa que el propio hijo, delincuente conocido…

Y los salones de clases, ocasionalmente, pueden ser usados para realizar reuniones con los padres. En nuestra sociedad, existe la pésima costumbre de que los padres intentan resolver los problemas con sus hijos a su manera, sin comunicarse con los demás. Así, en soledad, las familias enfrentan sus desafíos, sin pensar que el intercambio de experiencias educativas con otros padres podría darles opciones para resolver sus propios problemas.

Capítulo 11

Los tipos más comunes de alumnos y profesores

Quien trabaje como maestro, seguramente ya ha visto

que existen varios tipos básicos de alumnos. Pero también

existen varios tipos de profesores: ¿con cuál de ellos

se identifica usted?

No se trata de juzgar a nadie, sino de que todos

sean conscientes de sus acciones para que

puedan modificarlas.

Cualquier alumno que en verdad quiere aprender, aprende con profesores, sin profesores o a pesar de los profesores. El alumno que quiere aprender es agradable para el profesor que le enseña, absorbe con facilidad lo que escucha y digiere aún más fácilmente la información, y la transforma en conocimiento sin grandes dificultades.

El alumno que no tiene profesores, pero quiere aprender, puede emplear mucho tiempo en buscar lo que necesita aprender hasta "encontrarlo". Puede estudiar un tema sólo para darse cuenta de que hubiera usado menos tiempo y lo hubiera aprovechado mucho más si hubiera estudiado otro tema más específico.

Elegir un libro inadecuado puede alejarlo de la meta que busca, y con ello, retrasar su aprendizaje. Puede ser que no comprenda lo que lee, pero si un profesor se lo explicara un poco más, tal vez al alumno, en ese instante, "se le prendería el foco" del aprendizaje. Oír es algo que se hace de manera automática, pero aprender, en cambio, depende en gran medida de la voluntad del alumno. Si un profesor no logra despertar en el alumno el deseo de aprender, su clase será prácticamente inútil.

Hay profesores incompetentes que le quitan a cualquier alumno el deseo de estudiar. Pero aun así existen algunos a los que les interesa tanto aprender que, de todas maneras, sacan algún provecho de las clases de esos profesores.

Mi propósito al escribir este capítulo fue el de concientizar a los profesores de hasta qué grado su manera de impartir la clase puede interferir en el contenido de ésta. Dado que la relación entre el profesor y el alumno depende de ambos, la mejor clase es aquella en la que el alumno quiere aprender y el profesor quiere y sabe enseñar. En el extremo opuesto, la peor clase se produce cuando el alumno no quiere aprender y un profesor incompetente no quiere enseñar.

Veintiún tipos de alumnos

1. *Esponja*: es el alumno que absorbe todo. Anota cada detalle de la clase y lo estudia. "Come" todo lo que le ponen enfrente, lo que no necesariamente significa que lo aprenda. Acaba sabiendo un poco de todo, pero es disperso.
2. *Coladera*: Utiliza una coladera (filtro) para seleccionar la parte de la materia que le interesa. Lo escucha todo, pero anota sólo lo que le interesa. Únicamente quiere saber lo que vendrá en el examen. Ignora los temas que no le interesan, como si no existieran.
3. *Embudo*: se parece a la esponja, porque también acumula todo lo que el profesor dice, para revisarlo en casa con calma, escogiendo el material que quiere estudiar. Es como si necesitara decidirlo después, sin prisa. Lo carga todo para usar sólo un poco.
4. *De tin marín*: apuesta a la suerte. Pero no gana. Como no sabe lo que vendrá en el examen, se arriesga y estudia lo que sea, un capítulo, un fragmento o un tema que elige al azar, según la primera página que abre.

¡Que sea lo que Dios quiera! Ya sea que llueva o no, lleva paraguas porque teme que, en efecto, se moje.

5. *Suertudo*: este alumno tiene fe, cree que el examen incluirá un tema determinado y estudia eso solamente. Se parece al que compra un boleto para la lotería porque soñó con él. Tiene una corazonada. Cuanto más crea conocer al profesor o a la materia, más posibilidades tendrá de ganar. Tiene siempre un presentimiento antes y después del sorteo. Siempre dice que ya sabía el número que salió premiado.

6. *El de la víspera*: sigue la tradición de estudiar nada más la víspera del examen, y escribe los trabajos sobre las rodillas el día anterior a la entrega. La mayoría de las personas en Brasil, por ejemplo, estarían en esta categoría, porque lo dejan todo para el último momento. Algunas, incluso, trabajan sólo el día anterior al pago.

7. *El ausente de cuerpo presente*: es el estudiante que aprovecha la clase para organizar su agenda, hacer tareas de otras clases, dibujar, entretenerse con juegos electrónicos, jugar con su celular, chatear, mandar correos, etcétera. Pero estar atento a la clase, jamás, aunque escuche de vez en cuando al profesor. Está en el salón sólo para pasar el tiempo, como si su presencia física bastara, porque su cabeza, desde el jueves, está ya en el fin de semana, y aunque sea lunes sigue sin llegar a la escuela.

8. *El que tiene buen oído*: completamente desinteresado y distraído, tiene sin embargo un radar para sintonizar y captar cualquier cosa que no sea la clase. Detecta

cualquier ruido, conversación o movimiento lo que termina por llamar más atención que la misma clase.

9. *El autodidacta*: no presta atención a la clase, habla mucho, no se esfuerza para estudiar ni para hacer los trabajos escolares en el plazo estipulado por el profesor. La víspera del examen abre el libro y se prepara solo. Es el alumno autodidacta, capaz de aprender por su cuenta, independientemente del profesor. Pero administra mal su tiempo, hace cosas que no son necesarias y después sacrifica todo para estudiar.

10. *El tordo*: coloca sus huevos en el nido de otras especies de aves para que éstas los empollen y los críen. No presta atención a las clases, no apunta nada y ni siquiera tiene el libro. A la hora del examen copia al que sabe. No le interesa aprender, participa en los equipos de trabajo escolar sólo para que su nombre conste. El tordo se aprovecha de todos y no les da nada a cambio. En general, todos los alumnos progresivos tienen un tordo a su lado, como el papagayo de un pirata.

11. *La hormiga*: es el alumno que estudia todos los días, con o sin exámenes; el que trabaja con lluvia o con sol. Sabe la materia y disfruta sus vacaciones. Toda hormiga tiene una cigarra que está siempre cerca de ella.

12. *La cigarra*: es el alumno que usa su simpatía y buen humor para conseguir todo lo que necesita de las hormigas. Cree que con su manera de ser puede tenerlo todo, idea que no está por completo errada. Por sus cualidades —canto, alegría, simpatía— se siente con derecho de recibir todo lo que quiere, y de buen modo.

13. *La jirafa*: es el alumno que habla poco, que al parecer siempre está "de buenas" y no hace daño a nadie. Oye el canto de la cigarra y espía el trabajo de la hormiga. No necesita amenazar, competir con los demás ni agredirlos, y cuando es atacado se defiende razonablemente bien.

14. *El gorila*: es el alumno enojado y malhumorado casi por naturaleza. Se irrita y se enoja con todo y siempre reacciona negativamente contra todos. Por lo general anda solo: necesita un espacio vital grande pues no tolera a nadie cerca de él, mucho menos al profesor. Sus compañeros le temen y consigue lo que quiere mediante su fuerza física muchas veces desarrollada al máximo gracias a las artes marciales que practica para deshacerse con facilidad de quienes lo molestan.

15. *El príncipe*: es el alumno cuyo reinado, aun desde antes de nacer, ya se extiende hasta la escuela. Piensa que se merece el mejor lugar, la mejor calificación, el mejor elogio… Y que por su mera existencia todos deberían reverenciarlo. ¿Para qué necesita esforzarse y aprender, si todos están a sus órdenes?

16. *El "me da igual"*: es el alumno a quien todo le resulta indiferente, tanto lo que le suceda él como a sus compañeros. No le importa ser aprobado o reprobado. Nada lo afecta, nada lo motiva. Para él es como si el profesor no existiera.

17. *El "despilfarrador"*: es el alumno, generalmente muy rico, pero pobre de espíritu, que cree que puede comprarlo todo, arrojando el dinero por delante y presu-

miendo hasta de lo que no tiene. Valora a sus compañeros no por lo que son sino por lo que tienen y no muestra ni el mínimo respeto por el que es pobre, aunque se trate del mismo profesor.

18. *Sadim* (palabra creada por el empresario y escritor Ricardo Bellino, es un anagrama de Midas, el rey que convertía en oro todo lo que tocaba): movido por la envidia destructiva este alumno ataca siempre al que saca las mejores calificaciones o gana en un juego, porque, en el fondo, cree que quien merece el premio es él. Utiliza la crítica destructiva para alabarse a sí mismo. Es necesario identificar a los alumnos de este tipo para no ser perjudicados por él.

19. *El niño mimado*: es el alumno a quien sólo le interesan los mimos. Hace hasta lo imposible para recibir elogios, incluso, cosas inadecuadas o que no le gusta hacer. Su ego se alimenta de elogios, de notas positivas, de puntos extras en sus calificaciones, de medallas, etcétera.

20. *La víctima*: es el alumno que se siente perseguido, como si todos quisieran perjudicarlo. Cree que nadie se da cuenta cuando hace algo bien, y que todos lo atacan duramente cuando comete un pequeño error.

21. *El adulador*: es el alumno lambiscón, odiado por sus compañeros porque para agradar al profesor hace de todo, hasta lo que sus compañeros jamás harían. Su conducta difiere mucho de los sentimientos usuales de simpatía entre los seres humanos civilizados.

> Es raro que un alumno pertenezca a uno solo de estos tipos. En ocasiones pertenece a varios simultáneamente y según la materia o el profesor su conducta es evidente o discreta.

Diez tipos de profesores

Más que hacer simplificaciones, mi objetivo es mostrar algunos tipos de conducta que estimulen al profesor a reflexionar sobre su comportamiento en clase, y pueda mejorar su desempeño.

Si un profesor está dispuesto a hacer sus clases más interesantes, pero no sabe por dónde empezar, ¿qué le falta? Es importante saber cómo funciona la clase. Si el profesor toma conciencia del punto en que se encuentra, de cuál es su método de trabajo y se informa sobre otros tipos posibles de clase, puede llegar a un autoconocimiento más eficaz y realizar grandes cambios que lo conduzcan al estilo que le gustaría adoptar.

De acuerdo con la teoría de la integración relacional el primer requisito para que un profesor obtenga buenos resultados en el cambio que quiere realizar es que se conozca bien a sí mismo. Para ello, es importante tratar de evaluarse de acuerdo con cómo juzgan los estudiantes su labor.

1. *Un solo alumno como medida*: 39 alumnos sacaron baja calificación en el examen, pero el profesor no se preocupa porque hubo uno que sacó 8. Eso significa que,

si un alumno sacó buena calificación, el problema es de los demás, pues todos tuvieron la misma oportunidad. Si la clase fuera mala, nadie sacaría 8. A los 39 restantes les fue mal porque no prestaron atención. "Yo hago bien mi trabajo, porque un alumno prestó atención y le fue bien."

Este tipo de profesor es muy vanidoso: valora su de-sempeño en clase en función del mejor alumno y no de la mayoría de los estudiantes. Si uno de los asistentes está interesado, ¡perfecto! La clase es interesante.

Lo que el profesor quisiera: que todos tomen como modelo al alumno que obtuvo la nota más alta, como si todos pudieran igualarse al rendimiento de un solo alumno.

Resultados: no toma en cuenta a la mayoría de los alumnos, se olvida de los que sacaron mala calificación y casi todos dejan de estudiar, sólo lo hacen antes del examen, porque sienten que sus esfuerzos no son reconocidos.

Cualidades: pocas. No es consciente de su propio desempeño como profesor. Alguien que sacó 8 puede haber estudiado en otras fuentes y no tomar como base lo visto en su clase.

Defectos: no toma en consideración las múltiples inteligencias de Gardner, favorece que los alumnos repitan el año y que se cambien de cursos.

Estrategia de los alumnos: es difícil engañar a ese tipo de profesores, pero los estudiantes pueden interesarse cada vez menos en la materia y tener una conmovedora justificación: toda la clase reprobó. Los padres se vuelven más tolerantes, porque, a fin de cuentas, a su hijo le fue igual que a los demás. En los exámenes, muchos alumnos se querrán sentar cerca del que sacó la calificación más alta de la clase.

2. *Súper exigente*: es el profesor que, si no hay silencio absoluto, no empieza la clase. Mientras dura la clase, el silencio es tan marcado que se puede oír volar una mosca. Es amenazador y sus alumnos le temen. Sujeta sus cuerpos a los pupitres de la misma forma en que amordaza a sus cerebros. En la clase transforma a los adolescentes en seres inanimados ante la autoridad. Y al hacerlo, atenta contra las bases mismas de la interacción: toda relación humana es interactiva, incluye la relación profesor-alumno. Es natural que los estudiantes se manifiesten ocasionalmente, sobre todo si son adolescentes.

Lo que el profesor quisiera: exigir el máximo posible de los alumnos, incluso en relación con su conducta, para que rindan más.

Resultados: si la clase es buena, algunos alumnos tratan de responder positivamente. La concentración obliga al alumno a quedarse quieto y la primera conversación que se presenta es pronto acallada. Otros alumnos desarrollan miedo al profesor, quien procura evaluar todo en los exámenes escritos para que no sean necesarias las evaluaciones individuales u orales.

CUALIDADES: el silencio es excelente cuando es un resultado del interés auténtico del alumno por oír al profesor, y ayuda a quien quiere prestar atención.

DEFECTOS: como en la clase no se da la participación directa de los alumnos, muchos pueden desconectarse porque no pueden mantener la concentración por tanto tiempo. "Mi clase es buena, lo malo son los alumnos."

ESTRATEGIA DE LOS ALUMNOS: aunque sus ojos estén fijos en el profesor, su pensamiento vaga lejos. El profesor puede retener el cuerpo del alumno, pero no sus pensamientos.

3. *El violador mental*: su habla es como una aplanadora que se arroja encima de sus alumnos, sin importarle cómo se encuentren en ese momento. Entra y sale de la clase hablando y escribiendo, frenéticamente, sobre el tema de la materia. No le da al alumno ni siquiera la oportunidad de reaccionar. Aunque los estudiantes se pongan a platicar, él sigue hablando. No le importa que no haya un silencio absoluto. En realidad, los alumnos no le importan; da la clase para sí mismo, para demostrar sus conocimientos. Y sale de ella satisfecho, con la sen-

sación de que dio una clase muy buena. Cumple con su deber y poco le importa lo demás.

Lo que el profesor quisiera: "Los alumnos no se concentran en la clase. Si se quedaran quietos para oírme yo me comportaría de manera diferente, pero como no es así tengo que seguir hablando para que ellos dejen de hablar. Yo hago mi parte, ellos son los que tienen que cambiar."

Resultados: los alumnos, mal preparados, por lo general no prestan atención a la materia y nada más copian mecánicamente lo que el profesor escribe en el pizarrón. Ese profesor no es bien aceptado por los alumnos.

Cualidades: el profesor expone la materia que preparó y no le importan los retrasos, los incidentes, etcétera.

Defectos: su rendimiento se perjudica.

Estrategia de los alumnos: pueden aprovechar la clase para estudiar otras materias, hacer otros trabajos, etcétera. A veces ni siquiera miran al profesor. A la hora del examen recurren a la memorización, copian o estudian a última hora o con profesores particulares.

4. *Verdugo*: siempre exige más de lo que enseñó. Con él la evaluación se convierte en un chicotazo. Pregunta las notas a pie de página de las enciclopedias, la errata de los periódicos. Si durante el bimestre hubo ejer-

cicios de dificultad progresiva del 1 al 10, en el examen pide 15. Sus preguntas son tan difíciles que nadie puede resolverlas.

LO QUE EL PROFESOR QUISIERA: es muy parecido al deseo del profesor súper exigente, pero con la diferencia de que al verdugo le gusta "engañar" al alumno. Casi sádico, hasta parece que se complace con el sufrimiento de sus alumnos, con la sensación de la venganza realizada, para demostrar su poder.

RESULTADOS: a pesar de que aparentemente actúa dentro de lo establecido, ningún alumno puede alcanzar el conocimiento que le pide de la materia.

CUALIDADES: el profesor-verdugo exige el máximo del alumno que, si trata de esforzarse, puede llegar a progresar mucho, si es estimulado por el desafío de la superación.

DEFECTOS: corre el riesgo de crear en los estudiantes aversión a la materia.

ESTRATEGIA DE LOS ALUMNOS: como la mayoría de los alumnos no están en condiciones de aceptar el desafío, tratan de saltarse las normas. Lo que deciden es fotocopiar los apuntes de su mejor amigo la víspera del examen, o simplemente copiar.

5. *El "me da igual"*: no le importa nada. Si el alumno aprendió, ¡perfecto! Si no aprendió también le parece perfecto, ya que no es su asunto, porque la obligación del alumno es aprender. No le importa si llegan antes o después de él al salón de clases. Todos le caen bien. Para este profesor cualquier resultado es bueno. Es un poco anárquico y desorganizado, y está ahí, al frente de la clase, casi como una formalidad. No es de los que exigen mucho en el examen. Si un alumno se queja, trata de cambiar en algo. Pero si nadie reclama, no cambia nada. Este tipo de profesor muestra una especie de indiferencia, que es una de las peores actitudes que se pueden tener en un trabajo, sobre todo si hablamos de alguien que se dedica a la educación. Lo peor de todo es que los alumnos no se sienten importantes para el profesor y el estudiante necesita sentir que es valorado para comprometerse activamente en el proceso de aprendizaje.

Lo QUE EL PROFESOR QUISIERA: que nadie lo molestara, a menos que sea para evitarle algún perjuicio.

RESULTADOS: no logra entusiasmar a los alumnos, pues tiene la misma actitud ante las calificaciones bajas y las altas.

CUALIDADES: si acaso tiene alguna, seguramente es menos importante que sus defectos.

DEFECTOS: es raro que el alumno llegue a aprender algo con este tipo de profesor. Lo más común es que se conforme con muy poco. La clase le es indiferente.

ESTRATEGIA DE LOS ALUMNOS: cuando el maestro entra al salón los alumnos casi ni se dan cuenta. Siguen con lo que hacían.

6. *Cerebrito*: es un gran conocedor de su disciplina, pero un pésimo comunicador. Sabe todo sobre su materia, pero no puede explicar nada. Ya sea por timidez, por desorganización en su forma de expresarse o por falta de entrenamiento para ser profesor, no consigue transmitir sus conocimientos —que son muy vastos. Hay algo que dificulta, paraliza o confunde la comunicación de lo que sabe. La gran mayoría de estos profesores no aprendieron a representar escénicamente su papel de profesores, ni a presentarse ante un público de estudiantes. Necesita mucho del "uniforme" del profesor.

LO QUE EL PROFESOR QUISIERA: poder transmitir sus conocimientos a los alumnos.

RESULTADOS: los alumnos sienten que el profesor no tiene autoridad educativa, por lo tanto, se portan mal en la clase.

CUALIDADES: son pocas, porque su talento está desperdiciado. Las ventajas pueden surgir cuando se acerca el examen de selección para la universidad, cuando los alumnos necesitan resolver ejercicios que pueden preguntarles y tienen problemas para responder algunas preguntas; entonces buscan a ese tipo de profesor y el resultado suele ser positivo, porque en ese momento el alumno está dispuesto a oírlo.

Defectos: es muy riguroso en la evaluación y exige mucho más de lo que en realidad enseñó, pero no por espíritu vengativo o sádico, sino porque piensa que el alumno debe saberlo. El gran riesgo es que el alumno pierda la motivación para aprender.

Estrategia de los alumnos: como aprenden poco, tienden a portarse mal en la clase y a utilizar diferentes recursos (incluso copiar) para pasar de año.

7. *Víctima*: sufre a manos de los alumnos, que encuentran un placer sádico en "torturarlo". Todo se vale con tal de alborotar la clase. Mientras pide silencio, "por el amor de Dios", hay un alumno atrás de él, imitándolo, fingiendo que le da unos coscorrones, burlándose de él. Toda su vida se acordarán de él como "el profesor que fue ridiculizado en la clase". Nadie se olvida de un profesor-víctima.

    Como no puede hacer que su grupo lo respete y mucho menos asumir su papel de coordinador, los alumnos hacen lo que se les antoja. Todo funciona sólo si ellos quieren cooperar. El profesor se la pasa rogando a sus alumnos que le tengan piedad: —"No me hagan eso, por favor" —y a veces, hasta llora.

Lo que el profesor quisiera: llegar a controlar a los alumnos un día y darles una clase inolvidable.

Resultados: a veces logra que algunos alumnos lo defiendan. Su capacidad profesional casi no se muestra; tiene grandes dificultades para relacionarse con los alumnos más inquietos.

Cualidades: pocas… Los alumnos eligieron su clase para flojear y, al final, aprendieron muy poco. Los alumnos no respetan a quien no se sabe defender.

Defectos: no logra impartir su materia. Cuando llega al final de la clase, cansado de tanto batallar, dice la célebre frase: "Doy por visto este tema." Pero ni con esto los alumnos se preocupan.

Estrategia de los alumnos: descubren muchas formas de alborotar la clase y prefieren sobre todo las bromas hechas a costa del profesor. Cuando llega el examen, copian descaradamente del libro o se intercambian las pruebas entre sí. Ese tipo de profesor les encanta a los alumnos. Necesita urgentemente usar el "uniforme" conductual para protegerse, pues es muy vulnerable y es fácil para los alumnos perjudicarlo.

8. *El seductor/seducido*: cuando es atraído por la conversación, belleza, estatus, poder u otra característica de un alumno, el profesor se vuelve muy parcial en su conducta y tiende a favorecer o privilegiar a este o a aquel alumno, al hacer una diferencia marcada entre él y el resto. Entonces, parece que da la clase sólo para ese alumno.

El resto de los estudiantes, que pronto se da cuenta del juego, pueden sentirse injustamente tratados o hasta rechazados. El "preferido", por su parte, no siempre se siente cómodo en esa posición. Por el contrario, puede sentirse perjudicado, malinterpretado o explotado, dentro de una posición ventajosa que no tiene nada que ver con la clase. Si es rico, por ejemplo, todos lo adulan, hasta el mismo profesor, pero esto no refuerza su identidad, pues sólo sobresale por el poder de su familia.

Si el origen de la admiración fuera su belleza, su fuerza física o cualquier otro atributo personal, su identidad se vería reforzada, pero pueden surgir muchas complicaciones. Es común que los profesores se casen con alumnos, pero esto puede ocasionar una tremenda confusión en los papeles y perjudicar a todos. En una clase, todos los alumnos deben tener los mismos derechos, incluso para aprender a ser ciudadanos. En general, cuando el profesor demuestra abiertamente su preferencia por un alumno en detrimento de otros, es ridiculizado. Nunca he visto que se considere bien a alguien que cae en una seducción, sobre todo si es de carácter sexual. Casi siempre los demás lo ven como a un tonto o un bobo. Pierde su autoridad frente a la clase y muchas veces tiene que apelar al autoritarismo para imponerse al grupo. A veces en algunas escuelas, en los días del examen con un profesor de este tipo, las chicas usan escotes atrevidos y adoptan posturas provocativas solamente para distraerlo.

LO QUE EL PROFESOR QUISIERA: puede ser que nada más quiera alimentar su propio ego, generalmente frágil, o puede ser que, de hecho, se haya enamorado de su alumno.

RESULTADOS: los estudios del alumno se retrasan y, con frecuencia, se pone en riesgo hasta el trabajo del profesor. A veces es procesado por abuso por los padres del menor. Un profesor que pierde el respeto de los alumnos no puede tener la autoridad educativa que se necesita para dar clases.

CUALIDADES: puede emplear la seducción, pero de una manera adecuada, al esmerarse más en dar las clases para que el grupo se sienta beneficiado al saber que es importante para el profesor.

DEFECTOS: ese comportamiento es casi siempre antipedagógico. El alumno puede sacar ventajas de esa relación y manipular al profesor.

ESTRATEGIA DE LOS ALUMNOS: cuando quieren obtener algún beneficio se dirigen al "preferido", que se convierte en portavoz de toda la clase y, por lo general, obtienen lo solicitado. Y así el grupo aprende a manipular al profesor al usar en su provecho las inclinaciones de aquél.

9. *Crédulo*: demasiado comprensivo y democrático, este profesor pone todo a discusión y cree a pie juntillas en lo que los alumnos dicen, sin preguntarse si es verdad o no. Si el estudiante alega que no entregó el trabajo porque su padre se enfermó, perfecto, recibe otra oportunidad, aunque esa enfermedad se haya presentado "hace cinco años" y actualmente la salud del papá sea buena. Si los alumnos alegan y argumentan que en otra ocasión ya les dejó hacer algo que en ese momento les pide, se verá obligado a ceder de nuevo.

LO QUE EL PROFESOR QUISIERA: creer en todos, porque nadie le podría mentir. Incluso responde a quienes lo cuestionan: "¿Pero por qué me mentiría un alumno?"

RESULTADOS: el riesgo es que pase de ser considerado "bueno" a ser considerado "tonto". Este tipo de profesores, aunque sean queridos por los alumnos, no inspiran el respeto necesario para dar clases.

CUALIDADES: escucha a los alumnos. Como los alumnos lo estiman, este profesor puede movilizar al grupo y producir buenos resultados.

Defectos: es fácil que lo engañen y lo manipulen. Aunque algunos alumnos lo respetan, la mayoría abusa de él.

Estrategia de los alumnos: los más astutos pueden abusar de la buena voluntad de este profesor y mentir descaradamente para sacar ventajas, sobre todo en las calificaciones, para obtener prórrogas en el plazo de entrega de trabajos escolares, etcétera.

10. *El superactualizado*: usa las novedades y hasta abusa de ellas: internet, información tomada de periódicos y revistas, temas procedentes de la televisión, resultados de partidos, todo. Sabe despertar el interés del grupo porque incorpora a sus clases las últimas noticias, los descubrimientos y los avances de la ciencia.

Lo que el profesor quisiera: hablar el mismo lenguaje que los alumnos, sobre todo de los adolescentes, para que su vida se refleje en lo que sucede en la clase.

Resultados: por lo general, muy buenos. Los alumnos participan activamente y aprenden a comunicar lo que piensan. Es un buen ejercicio para la vida.

Cualidades: la mayor de ellas, solicitar la participación de los alumnos, que también deben aportar novedades, ya que ellos siempre están dispuestos a aprender. Este profesor es capaz de dar clases dinámicas e interesantes y casi siempre tiene mucho éxito entre los alumnos.

DEFECTOS: si exagera en las novedades, puede hacer que se pierda el foco de la clase, sin aterrizar en los temas que imparte. Hay que tener criterio para elegir las novedades.

ESTRATEGIA DE LOS ALUMNOS: llevar a la clase cada vez más novedades para hacerla dispersa. Recordemos que, para los alumnos, la escuela está bien, lo que fastidia son las clases…

Éstos son algunos tipos de profesores. Podemos regresar a los 21 tipos de alumnos citados antes: es fácil hacer la trasposición de sus características a los profesores y viceversa. En otras palabras, podemos encontrar tanto profesores como alumnos que corresponden a los tipos descritos, y nos daremos cuenta de hasta qué punto esos tipos pertenecen a diversos tipos de personalidad. Como dato adicional, los tipos de alumno de los que más se quejan los profesores son: gorila, niño mimado, "sadim" y víctima.

EL PROFESOR DE 10

Es actualizado, competente, ético e integrado relacionalmente. Es aquel que, a partir de episodios prácticos, cotidianos con los alumnos, consigue transmitirles los conocimientos teóricos para que lleguen a dominar la materia. Así, logra despertar en el alumno el deseo de aprender simplemente por el placer del conocimiento en sí mismo. Estos profesores edifican el futuro del país, porque son maestros en la formación de ciudadanos felices, capaces, educados, éticos y progresivos.

Cada ciudadano ético, capaz, feliz y progresivo lleva en su interior la imagen viva de esos educadores y siempre reconocerá y agradecerá la ayuda que le brindaron, rindiéndoles homenaje siempre por haber estado a su lado desde que eran estudiantes.

El tipo ideal de profesor es el que tiene la capacidad de adaptarse a las características del alumno con la finalidad de establecer una buena relación de aprendizaje.

Los bebés y los niños fueron grandes maestros para Piaget, el creador del Constructivismo.

Los adolescentes fueron mis maestros, porque me enseñaron cómo es su funcionamiento interno. Todo lo que hice fue teorizar sobre ello cuando creé la teoría del desarrollo biopsicosocial de la pubertad y de la adolescencia, que expuse en mi obra *Pubertad y adolescencia: desarrollo biopsicosocial.*

El educador aprende con su estudiante;

el maestro aprende con su discípulo

y los grandes maestros del maestro son

sus propios alumnos.

Conclusión

Todos somos iguales: estamos hechos de carne, respiramos el mismo aire. Algunos saben más que otros, pero si uno enseña y otro aprende, el saber se convierte en un bien común.

De esta manera, la vida irriga terrenos incultos, de donde brotarán más conocimientos. Las personas son como vehículos, que durante su existencia pueden ser manejados por buenos o malos conductores. Por suerte, algunos de esos conductores están siempre dispuestos a aprender nuevas rutas.

Los profesores:

Conscientes, viven la integración relacional en plenitud.
Creativos, descubren nuevas recetas para hacer menos rutinarias las comidas.

Responsables, llevan a cabo sus proyectos, porque todo lo que se inicia debe continuarse y llegar a su fin.

Afectuosos, vibran con los descubrimientos y aventuras de los alumnos, y alimentan la autoestima de todos.

Sensibles, permiten que sus lágrimas se mezclen con las lágrimas de los demás.

Generosos, enseñan los caminos recorridos con más amor.

Eternos aprendices, saben que cuanto más estudian, más aprenden sus alumnos.

Y así,

esos sabios profesores

transforman el saber

en sabor y alegría de vivir.

Içami Tiba

Bibliografía

Alves, R., *A escola com que sempre sonhei sem imaginar que pudesse existir*, Papirus, Campinas, 2004.

_____, *Educação dos sentidos e mais...*, Verus, Campinas, 2005.

Bernhoeft, R., *Como criar, manter e sair de uma sociedade familiar (sem brigar)*, Senac São Paulo, São Paulo, 2002.

Chalita, G., *Educação: a solução está no afeto*, Gente, São Paulo, 2001.

Coates, V., G. W. Benzos y L. A. Françoso, *Medicina do adolescente*, Sarvier, São Paulo, 2003.

Cortella, M. S. e Y. La Taille, *Nos laberintos da moral*, Papirus, Campinas, 2005.

Emmett, R., *Não deixe para depois o que você pode fazer agora*, Sextante, Río de Janeiro, 2003.

Estivill, E. y S. Béjar, *Nana, nenê*, Martins Fontes, São Paulo, 2003.

Freire, P., *Pedagogia da autonomia: Saberes necessarios a prática educativa*, Paz e Terra, São Paulo, 2005.

Frost, J., *Supernanny: How to get the best from your children*, Hyperion, Nueva York, 2005.

Goleman, Daniel, *Inteligência emocional*, Objetiva, Río de Janeiro, 1996.

_____, *Mentiras essenciais, verdades simples*, Rocco, Río de Janeiro, 1997.

Herculano-Houzel, S., *O cérebro em transformação*, Objetiva, Río de Janeiro, 2005.

La Taille, Y., *Límites: três dimensões educacionais*, Atica, São Paulo, 2002.

Luckesi, C., "O educador: quem é ele?", en *ABC educativo: A revista da educação*, año 6, núm. 50, Criarp, São Paulo, 2005.

Marins, L., *Homo habilis: você como empreendedor*, Gente, São Paulo, 2005.

Sant'Anna, A. S., *Disciplina: O caminho da vitória*, Circuito, Curitiba, 2005.

Savater, F., *Ética para meu filho*, Martins Fontes, São Paulo, 1993.

Seibel, S. D. y A. Toscano Jr., *Dependência de drogas*, Atheneu, São Paulo, 2001.

Silva, A. B. B., *Mentes inquietas*, Napades, Río de Janeiro, 2003.

Tiba, Içami, *Adolescentes: Quem ama, educa!*, Integrare, São Paulo, 2005.

_____, *Anjos caídos: como prevenir e eliminar as drogas na vida do adolescente*, 31ª ed., Gente, São Paulo, 2003.

_____, *Ensinar aprendendo: como superar os desafios do relacionamento professor-aluno em tempos de globalização*, Gente, São Paulo, 1998.

_____, *O executivo & sua família: o sucesso dos pais não garante a felicidade dos filhos*, Gente, São Paulo, 1998.

_____, *Puberdade e adolescência: desenvolvimento biopsicossocial*, Ágora, São Paulo, 1985.

_____, *Quem ama, educa!*, Gente, São Paulo, 2002.

Vitale, M. A. F. (comp.), *Laços amorosos: terapia de casal e psicodrama*, Ágora, São Paulo, 2004.

Sobre el autor

Padres: Yuki Tiba y Kikue Tiba.
Nacimiento: 15 de marzo de 1941, en Tapiraí, São Paulo.

1968 Se recibe como médico en la Facultad de Medicina de la Universidad de São Paulo (FMUSP).

1969 y 1970 Médico residente del Departamento de Neuropsiquiatría del Hospital de las Clínicas de la FMUSP.

1971 a 1977 Psiquiatra asistente del Departamento de Psiquiatría Infantil del Hospital de las Clínicas de la FMUSP.

1971 a 2005 Psicoterapeuta de adolescentes y consultor familiar en clínica particular.

1977 a 1992 Profesor de psicodrama de adolescentes en el Instituto Sedes Sapientiae, en São Paulo.

1995 a 2005 Miembro del Equipo Técnico de la Associação Parceria Contra as Drogas (Asociación Compañera Contra las Drogas), APCD.

1997 a 2005 Miembro electo del Board of Directors of International Association of Group Psychotherapy.

2005 Creador y presentador del programa semanal de televisión "Quien ama, educa", de la Rede Vida.

2003 a 2005 Consejero del Instituto Nacional de Capacitación y Educación para el Trabajo, "Vía de acceso".

• También ha sido profesor de diversos cursos y talleres, tanto en Brasil como en el extranjero.

• Es el creador de la Teoría de la integración relacional, en la que basa sus consultas, talleres, conferencias y videos.

Libros publicados en Brasil

1. *Sexo e adolescência*, 10ª ed., Ática, São Paulo, 1985.
2. *Puberdade e adolescência*, 6ª ed., Ágora, São Paulo, 1986.
3. *Saiba mais sobre maconha e jovens*, 6ª ed., Ágora, São Paulo, 1989.
4. *123 Respostas sobre as drogas*, 3ª ed., Scipione, São Paulo, 1994.

5. *Adolescência, o despertar do sexo*, Gente, São Paulo, 1994.

6. *Seja feliz, meu filho*, 21ª ed., Gente, São Paulo, 1995.

7. *Abaixo a irritação: como desarmar esta bomba-relógio no relacionamento familiar*, 20ª ed., Gente, São Paulo, 1995.

8. *Disciplina: limite na medida certa*, 72ª ed., Gente, São Paulo, 1996.

9. *O(a) executivo(a) & sua família: o sucesso dos pais não garante a felicidade dos filhos*, 8ª ed., Gente, São Paulo, 1998.

10. *Amor, felicidade & cia.*, 7ª ed., Gente, São Paulo, 1998.

11. *Ensinar aprendendo: como superar os desafios do relacionamento professor-aluno em tempos da globalização*, 24ª ed., Gente, São Paulo, 1998.

12. *Anjos caídos – Como prevenir e eliminar as drogas na vida do adolescente*, 31ª ed., Gente, São Paulo, 1999.

13. *Obrigado, minha esposa*, 2ª ed., Gente, São Paulo, 2001.

14. *Quem ama, educa!*, 157ª ed, Gente, São Paulo, 2002.

15. *Homem-cobra, mulher-polvo*, 21ª ed., Gente, São Paulo, 2004.

16. *Adolescentes: Quem ama, educa!*, 25ª ed., Integrare, São Paulo, 2005.

17. *Disciplina: limite na medida certa. Novos paradigmas*, Integrare, São Paulo, 2006.

18. *Ensinar aprendendo. Novos paradigmas na educação*, Integrare, São Paulo, 2006.

Ediciones internacionales

• El libro *Quem ama, educa!* fue publicado en Portugal por la Editora Pergaminho; en España, por las Ediciones Obelisco, y en Italia, por Italianuova Editora.

• El libro *Disciplina: limite na medida certa!* fue publicado en Portugal por la Editora Pergaminho.

• Los libros *Quien ama educa* y *Adolescentes: Quien ama educa* fueron publicados en México y España por la Editorial Aguilar Fontanar.

Videos

Tiene 12 videos educativos, producidos en 2001 en asociación con Loyola Multimedia, cuyas ventas superaron las 13 mil copias: 1. *Adolescência*, 2. *Sexualidade na adolescência*, 3. *Drogas*, 4. *Amizade*, 5. *Violencia*, 6. *Educação na infancia*, 7. *Relação pais e filhos*, 8. *Disciplina e educação*, 9. *Ensinar e aprender*, 10. *Rebeldia e onipotência juvenil*, 11. *Escolha profissional e capacitação para a vida*, y 12. *Integração e alfabetização relacional*.

Contacto con el autor:

Içami Tiba

Tel./fax: (001) 3031 8909 y 3815 4460

www.tiba.com.br

Correo electrónico: icami@tiba.com.br

Este libro se terminó de imprimir en el mes de
junio de 2010, en Edamsa Impresiones S.A. de C.V.
Av. Hidalgo No. 111, Col. Fracc. San Nicolás Tolentino C.P. 09850,
Del. Iztapalapa, México, D.F.